L'histoire

Jean-Luc Mansuy

L'histoire

LE LYS BLEU
ÉDITIONS

ISBN : 979-10-422-1811-9

Pour ne pas oublier d'où nous venons, ce petit livre est dédié à tous les membres de ma famille de la branche Bologna-Rossini, mon fils, mes quatre sœurs, mes nièces et neveux, petites nièces et petits neveux, mes cousines et cousins, et à ma petite cousine et petits-petits cousins de la branche Sergi-Rossini.

Partie I
Nonna

L’abandon

À ma mère

Pour la première fois nous connaissons
Un très profond sentiment d’abandon.
C’est vraiment une bien triste saison
Pour cette perceptible trahison.

Ton histoire a bouleversé quatre générations
Et elle aurait certainement ému plus d’un bataillon,
Tant elle est riche de combats et d’émotions,
Moments douloureux ou heureux mais toujours vécus avec raison.

Tu as montré le courage et l’obstination,
L’honnêteté, l’humilité, voire l’abnégation.
Tu aimais la vie, ses plaisirs et son tourbillon,
La beauté, l’élégance et le rouge vermillon.

Et aussi les roses, et le myosotis ton préféré,
Un lien qui résiste au temps, pour ne pas oublier.
Et de la femme, de maman, de mamie, nous nous souviendrons,
Longtemps, bien longtemps encore après leur floraison.

Non ! tu ne nous as pas abandonnés,
Et, pour en avoir un instant douté
Et penser à une trahison,
Je te demande pardon.

jlm
Janvier 2021

Chapitre I
EHPAD
Janvier 2021

C'est peut-être mieux comme ça. Au moins ici, je n'embêterai personne. Mes enfants ont maintenant leur vie et leur propre famille. Je ne veux plus être un poids pour eux, se répète-t-elle en silence comme pour s'en persuader.

Vêtue de sa veste bleu marine préférée ouverte sur un pull blanc et un pantalon noir, chaussée de chaudes pantoufles blanches, elle va découvrir aujourd'hui, à bientôt quatre-vingt-quatorze ans, ce qui sera sa dernière demeure.

Ils appellent ça Établissement d'Hébergement pour Personnes Âgées Dépendantes. D'autres le présentent comme l'antichambre.

Perdue, inquiète, lassée, fatiguée de la vie, il n'y a pas d'adjectif pour décrire ce qu'elle peut ressentir à ce moment précis où elle entre dans cette toute petite pièce d'à peine 15 m^2. Lentement, son regard en fait le tour : murs blancs entièrement nus et froids, au centre contre la cloison, un lit médicalisé. Dans un coin, une chaise métallique avec accoudoir, posée devant une toute petite table à peine plus grande qu'un plateau-repas. Tout est réduit au minimum.

C'est vrai qu'à notre âge, nous les vieilles personnes, on n'a pas besoin de plus de place. Et puis à quoi cela nous servirait puisque de toute façon moins on bouge, moins on gêne.

Nous sommes loin de la magnifique brochure dont les trop nombreuses photos sur papier glacé vantent ces « prestigieux » établissements.

Beaucoup de promesses, mais rien de vraiment concret, comme d'hab, pense-t-elle.

Pour ne faire de peine à personne, elle esquisse un sourire. Un sourire timide. Elle essaie de ne rien laisser paraître et elle les regarde ranger ses quelques affaires dans le placard, installer son téléviseur, le seul meuble qu'elle a pu emporter.

Ses yeux sont tristes, car elle sait… Les mains croisées sur ses genoux, elle est toute petite dans cette maudite chaise de transfert. Elle porte bien son nom cette chaise. Transfert : de qui, vers quoi ? Certainement pas vers une nouvelle vie. Dès qu'elle est entrée dans cette chambre, même pas d'hôpital, elle a su que c'est ici qu'elle finirait ses sombres derniers jours. Et en cet instant, elle ne souhaite qu'une seule chose : en finir le plus vite possible. Elle est fatiguée. Toute sa vie, elle a lutté. Toute sa vie, elle était forte. Aujourd'hui, elle en a marre. Elle a envie de jeter l'éponge.

Peu importe le décor et tous ceux qui en font partie, elle fera avec. Elle en a vu d'autres. Mais que cela ne dure pas trop longtemps.

***

Passées les premières semaines où elle ne voit pratiquement plus ses enfants, COVID oblige, où même les visites de ceux qui y travaillent se font rares, trop occupés… paraît-il, passées les discussions stériles sur la disparition de sa veste beige et de ses culottes pourtant marquées à son nom comme exigé par la direction, marquage payé 25 euros quand même, elle reste seule devant l'écran allumé juste pour faire diversion, et elle pense.

Elle pense à son passé, à ses enfants, à ses petits et arrière-petits-enfants, à tous ces moments de bonheur, et aussi de douleurs qui l'ont accompagné tout au long de sa longue vie.

Elle revoit aussi ses parents, Félix et Catherine qui, pour vivre pleinement leur amour, avaient tout quitté et étaient venus travailler en France.

Leur histoire, elle l'a tant et tant entendue, vécue et tellement racontée qu'elle ne peut l'oublier. Elle ferme alors les yeux, laisse son imagination vagabonder et dérouler le film de leur vie…

Chapitre II
Felice et Caterina
Juin 1915

Une jeune fille court sur une petite route caillouteuse qui serpente. Elle semble pressée. L'angélus a sonné et elle sera en retard. Son père la grondera. Mais peu importe, à son âge on s'en fout. Elle aura bientôt dix-neuf ans, on est en juin 1915. Le soleil brille encore et les jours n'ont pas de fin. La vigne est déjà bien fleurie, la vendange sera bonne.

C'est un mercredi. Elle a profité de l'absence de son père qui s'est rendu chez un client à Montemaggio, en Italie, pour aller voir, là-haut dans la cité, sa cousine Gabriella, la fille d'un frère à sa maman, *un borghese*. Là, elles ont passé l'après-midi à flâner dans les petites rues de la capitale puis plus au calme entre les tours et sur le chemin des sorcières. Elles ne s'étaient pas vues depuis la messe de Noël et elles avaient tellement de choses à échanger qu'elles n'ont pas vu les heures passer. Quand la cloche de la basilique del Santo a sonné, elles ont sursauté et se sont vite séparées, sachant qu'elles allaient encore se faire sermonner.

***

Elle a dévalé les pentes du mont Titano, descendu les escaliers quatre à quatre au risque de tomber, puis traversé le pont au-dessus du Rio San Marino. Elle est maintenant à moins de deux kilomètres de chez elle. Elle reprend son souffle. Elle monte sur une petite butte et aperçoit au loin le chemin tortueux qui monte vers son village. C'est très vallonné par ici et elle sait que les deux côtes qui lui restent à monter seront dures. Il n'y a pas un nuage dans le ciel. Elle a chaud. Elle enlève le foulard qui la protège de la poussière et des rayons du soleil, et se remet à courir. Pour gagner du temps, elle décide maintenant de couper par les vignes et les taillis. En sautant d'un petit talus, elle se tord la cheville et manque de tomber lorsque, surgie de nulle part, une main la retient. Une main ferme d'ouvrier, mais douce et rassurante.

— *Scusate,* lui dit-il en s'esquivant aussitôt.

Sur le coup, surprise et un peu embarrassée, elle ne l'a pas reconnu. Lui, si. C'est Caterina, une des filles de son employeur. Celle dont l'image est gravée à jamais dans sa mémoire depuis cet après-midi du mois de février.

***

Il l'avait aperçue, à la fête de Sainte Agathe, sur la place de Chiesanuova. Installé sur une petite estrade, un petit groupe de musiciens mettait l'ambiance.

Lui jouait du bandonéon en enviant les danseurs de tango qui glissaient et tournaient langoureusement devant lui.

Elle, elle était là, avec sa mère Maria et sa jeune sœur Augusta. « Pas longtemps et juste pour écouter », avait dit Maria.

En l'apercevant debout de l'autre côté de la place et ébloui par sa beauté, il en avait oublié les danseurs.

Il ne voyait qu'elle dans sa petite robe noire, bordée d'un col en dentelle blanche et fermée sur la poitrine par 12 petits boutons recouverts de velours. Une petite ceinture vernie lui affinait sa silhouette et laissait sa robe tomber sur une paire de bottines noires à lacets.

Envoûté par ce regard à la fois vif et pétillant, ces yeux qui ne le quittait pas, il en avait oublié sa musique. Les danseurs s'étaient arrêtés, avaient sifflé, l'avaient rappelé à l'ordre.

Offensée, « partons ! » avait dit sa mère. Et la belle s'en était allée ne laissant paraître plus que ses beaux cheveux noirs, tirés en arrière sur sa nuque en forme d'un petit chignon tenu par un ruban de soie.

Rouge de honte, Felice avait vite repris ses esprits, et… le bandonéon, dans la liesse générale. Mais il avait à jamais gravé son image dans sa mémoire comme le photographe sur la plaque de son appareil. Il s'était alors juré de la retrouver et de lui parler. Quand, en cette fin d'après-midi, le hasard l'avait mise sur sa route.

***

— *Scusate*… quel idiot je fais se dit-il après l'avoir quitté. Je n'ai même pas osé lui parler. Finalement, c'est mieux comme ça. Qu'est-ce qu'une fille comme elle ferait avec moi, Felice, *un povero bracciante come me al servizio di Molinari* (un pauvre journalier agricole au service des Molinari) ?

***

Auguste, le père de Caterina, avare et grand buveur, dirigeait d'une main de maître toute son exploitation et veillait rigoureusement à l'éducation de ses enfants. Une éducation stricte surtout pour les trois filles qu'il surveillait particulièrement.

À la mort de son père, un homme riche et respecté de tous, il avait hérité du moulin et des vignes. Son frère, lui, avait reçu l'hôpital.

Les *Molinari,* surnommés ainsi parce qu'ils possédaient un moulin, habitaient sur le territoire de la commune de Chiesanuova en République de San Marino, dans un hameau dont la majorité des maisons leur appartenait. Situé sur les hauteurs du quartier des Moulins de Guarda Gualderia, ce petit bourg surplombait le Rio San Marino, un petit cours d'eau qui faisait tourner le moulin d'Auguste Rossini.

Construite presque à mi-chemin entre Chiesanuova et la capitale, la bâtisse, aux murs de couleur beige et aux volets verts, dominait le village. De la fenêtre de sa chambre, qu'elle partageait avec sa jeune sœur Augusta, Caterina pouvait admirer chaque soir le mont Titano que les derniers rayons du soleil coloraient de rouge. Et en regardant la tour de la Cesta se détacher sur ce magnifique ciel bleu sombre, elle s'imaginait là-haut, le visage tourné vers la mer, dans les bras d'un noble et séduisant chevalier à la petite moustache bien taillée.

***

Encore troublée par ce qui lui est arrivé, Caterina ne peut s'empêcher de penser à ce garçon si prévenant et si timide, à ses yeux mi-clos et enjôleurs, à sa petite moustache propre et… bien taillée. Elle ressent encore la chaleur de la main qui l'a soutenue avec fermeté avant de s'en aller sur une douce caresse. Elle le voit s'éloigner, la mèche au vent et sa chemise blanche en flanelle sortie négligemment entre son pantalon et son gilet. Elle baisse les yeux et aperçoit sur le sol le grand mouchoir à carreaux qui était noué autour de son cou pour absorber la sueur de son visage. Elle le ramasse et le met vite dans la poche du tablier qui couvre les modestes habits qu'elle met la semaine pour effectuer les tâches sur l'exploitation familiale.

Tout d'un coup, elle réalise qu'elle connaît ce visage. C'est celui de ce jeune homme au regard tendre et charmeur qu'elle espionne discrètement chaque samedi, le jour de la paye des ouvriers. Celui qui joue du bandonéon le samedi soir dans l'auberge de son cousin. Celui pour lequel elle avait demandé à sa mère de l'emmener à la fête. Celui qui, ce dimanche-là, ne l'avait pas quittée des yeux et que, pour elle, il en avait même oublié les autres. Elle avait d'ailleurs eu de la peine pour lui lorsque les danseurs l'avaient sifflé et plus encore lorsque sa mère Maria avait donné l'ordre de quitter cette place.

Maintenant, elle a honte. Honte de ne pas l'avoir remercié bien sûr, mais surtout de s'être présentée dans cette grossière jupe en coton et ce chemisier blanc souillé.

— Je ne suis qu'une idiote, dit-elle à voix haute en s'assurant ensuite que personne ne l'a entendue. Pourquoi ne lui ai-je pas retenu sa main ? Et lui, ce couillon, pourquoi s'est-il enfui ?

— *Cretino.* Je ne suis qu'un sot, répète-t-il sans cesse.

— *Stupido,* bourrique, je ne suis qu'une bourrique, se lamente-t-elle.

Prenant son courage à deux mains, Felice fait demi-tour et se dit prêt à parler à celle qui hante toutes ses pensées. Caterina se remet à courir pour essayer de rattraper celui qu'elle aime en secret.

« Tant pis si cela ne se fait pas. Après tout, j'ai 19 ans et nous sommes maintenant au 20e siècle », pense-t-elle.

Au détour d'une haie, ils tombent dans les bras l'un de l'autre et se lancent tous les qualificatifs et plus, que la décence nous empêche de citer ici.

Et c'est comme cela que tout a commencé…

Chapitre III
EHPAD
Mars 2021

— Madame, Madame, vous m'entendez ?

Sur cette dernière image, elle ouvre doucement les yeux.

— Vous avez eu un petit malaise. Alors on vous a conduite à l'hôpital. Maintenant, tout va bien. Vous allez pouvoir retourner à l'EHPAD, lui murmure un homme d'une voix douce et rassurante.

— Vous savez, lui répond la vieille dame, je suis mieux ici que là-bas. Mais je n'ai pas le choix.

Dans le VSL qui la ramène à l'établissement, elle revit le moment douloureux où elle a quitté sa maison il y a deux mois.

C'était la meilleure solution, se répète-t-elle. *Ce n'était plus une vie pour mes enfants. Les derniers jours, ils étaient obligés de se relayer la nuit parce que j'avais du mal à respirer. Mais eux, au moins, ils étaient là. Là-bas, je ne vois pas grand monde. Je ne peux même pas voir mon frère qui y est également résident. C'est vrai qu'avec cette pandémie il faut éviter les contacts. Mais il y a des limites. Et puis cela ne les empêchera pas, une fois de plus, d'être en quarantaine. Pourtant, les résidents ne sortent pas, ils ne reçoivent aucune visite, alors ?*

Elle sait qu'elle va retrouver sa chambre froide aux murs blancs, qu'on lui allumera la télé pour lui tenir compagnie entre deux rares visites du personnel, gentil certes, mais pas souvent là.

***

— Elle devrait faire sa toilette toute seule, avait dit un jour quelqu'un à sa plus jeune des filles.

— Je vous rappelle qu'EHPAD signifie Établissement d'hébergement pour personnes âgées dépendantes, avait répondu sèchement cette dernière. Au lieu de l'aider à se rendre aux toilettes, vous lui mettez des protections pour vous faciliter la vie, alors qu'elle n'est pas incontinente. Protections dont j'aimerais par ailleurs connaître la fréquence de change. Maintenant, vous voudriez qu'elle fasse sa toilette toute seule ? Si elle a accepté de quitter sa maison à 94 ans pour venir dans ce genre d'établissement c'est peut-être pour trouver, ICI, un peu d'aide dans son quotidien, et de compagnie surtout en cette période difficile. Sinon, elle serait restée seule dans sa maison.

Pour excuser la personne, la dame avait alors dit à sa fille qu'ils n'étaient pas assez nombreux pour s'occuper de tout le monde et qu'ils n'avaient pas beaucoup de temps. Ce à quoi sa fille avait rétorqué que même si ce métier était difficile, chacun devait prendre conscience qu'il sera, lui aussi, vieux un jour. Que ce n'était pas aux résidents de subir les problèmes d'effectif, de rentabilité et, qu'à défaut de compassion, ils pourraient au moins faire preuve d'empathie. Qu'au final ce n'était avant tout qu'une affaire d'individu.

***

À cause de cette épidémie, il n'est pas question de se retrouver dans la belle et grande salle à manger qui est en photo dans le catalogue. C'est bien beau tout cela, mais en attendant elle aimerait retrouver ses culottes et sa veste beige. C'est peut-être un détail pour eux, mais pour elle c'est important. Comment peut-elle faire confiance à des personnes qui ne respectent même pas ses affaires ?

Arrivée devant la porte vitrée de l'entrée de l'immeuble, Jérémy lui dit de lever les yeux. Quelqu'un lui fait signe d'une fenêtre. On lui dit que c'est Henri. Elle n'aperçoit qu'une ombre, mais elle devine le visage de son jeune frère. Elle lui répond par un petit hochement de la tête.

Toujours assise dans cette maudite chaise de transfert, l'homme la conduit jusqu'à « ses appartements » comme il dit. Pourquoi n'arrive-t-elle plus à se débrouiller toute seule ? Où est donc passée cette énergie qui la caractérisait tant il n'y a pas si longtemps encore, enfin… juste quelques années. Si seulement elle y voyait encore un peu, elle pourrait mieux apprécier ce moment où ce jeune garçon la pousse tout en douceur, avec des mots tendres et réconfortants. Moment qu'elle voudrait prolonger le plus longtemps possible tant elle craint celui où elle va retrouver la solitude et le silence. Il l'aide à s'asseoir dans son lit, allume le téléviseur, lui demande si elle est bien installée, quelle chaîne elle veut voir et si elle veut boire quelque chose. Puis il se dirige vers la porte.

— À bientôt jeune fille lui dit-il en la quittant avec un grand sourire et sur un ton amical.

Et, sans s'en rendre compte, elle lui répond :

— Oh ! oui, je l'espère, à très bientôt.

Elle le regarde sortir de la chambre et pense, *ma fille a raison. C'est avant tout une question d'individu.*

Et puis ce sera l'heure du dîner. Comme chaque soir, elle n'aura pas faim. De toute façon, qu'elle mange ou qu'elle ne mange pas, ils s'en foutent. « Alors, on n'a pas faim ce soir, mamie ? Ce n'est pas grave. Vous mangerez mieux demain », lui dira encore la jeune fille en débarrassant le plateau.

Demain, et encore demain, les jours passeront et elle sera toujours là, dans sa chambre à attendre un coup de téléphone, puis un autre, à regarder des images à la télé qu'elle ne voit plus depuis longtemps, à entendre des sons qu'elle n'écoute même plus.

Alors pour mieux supporter cette solitude, elle va fermer les yeux et encore se perdre dans ses souvenirs.

***

Elle retrouve cette fois ses parents au coucher du soleil en haut de la Rocca Cesta. Celle dans laquelle Caterina rêve d'y retrouver son chevalier.

Chapitre IV
Felice et Caterina
Novembre-décembre 1915

Tendrement enlacés, ils admirent la magnifique vue sur la forêt qui l'entoure. Au fond, ils distinguent dans la brume, les Apennins, et beaucoup plus loin, ils devinent la Toscane. Ils se tournent et, là-bas vers l'est, ils admirent l'Adriatique.

Dans un silence presque religieux, ils regardent ce paysage qui les fascine et qui semble figé pour l'éternité. Caterina frissonne. En bon chevalier, Felice enlève sa veste en drap de laine noire et la pose sur ses épaules.

Lui, il n'a pas froid. Son corps est brûlant. Il n'a pourtant pas de fièvre. Il n'a pas été aussi heureux depuis la victoire d'Alfonso Calzolari, vainqueur l'an passé, du tour d'Italie.

Elle, elle sait qu'il est imprudent de venir ici au vu et au su de tous. À cette époque, on ne rigole pas avec cela et il est hors de question qu'une jeune fille sorte toute seule avec un garçon. Et encore moins avec un garçon non choisi par son père bien sûr. Mais aujourd'hui, elle s'en fout.

***

Jusque-là, c'est dans le plus grand secret qu'ils s'étaient revus depuis cette fameuse chute. Si pour un garçon de 23 ans cela ne posait aucun problème, c'était plus difficile pour une jeune fille même pas majeure de braver les règles.

Après s'être bien traités de tous les qualificatifs d'usage, ils avaient fini par se calmer et par se rapprocher. Felice avait pris timidement la main de Caterina avant un nouveau *scusate* qu'il coupa vite par un *je m'appelle Felice*. En parfaite jeune fille de bonne société, la signorina avait fait semblant de ne pas le connaître et s'était contentée de répondre sèchement *Caterina*. Mais son regard en disait long. Encouragé, le jeune homme lui avait murmuré alors : *domani piazza della libertà. Nove ore.*

Le soir même, Caterina avait réussi, à grands coups de flatteries, à convaincre son père qu'il était important que la famille se montre aux fêtes de Corpus Domini à San Marino. Primordial, même s'il voulait que ses filles trouvent un bon parti. Pris par ses activités, ce dernier accepta que son aînée l'y représente à la condition qu'elle soit accompagnée de son frère Sébastiano et de sa sœur Augusta. Condition qu'elle accepta bien sûr avec beaucoup de reconnaissance. Elle savait que son frère serait pressé d'y retrouver ses copains et que sa sœur, déjà mise dans la confidence, lui servirait à jamais d'alibi.

Il y avait déjà beaucoup de monde sur la place lorsqu'elle était arrivée dans sa belle robe noire, bordée d'un col en dentelle blanche et fermée sur la poitrine par 12 petits boutons recouverts de velours…

Le défilé n'allait pas tarder. Elle l'avait cherché dans la foule et leurs regards s'étaient croisés. Elle l'avait rejoint avec une allure décontractée, en gardant la tête droite. Leurs mains s'étaient frôlées et il lui avait remis discrètement un petit billet. « Après la messe, monument Garibaldi. »

Il ne restait plus à la petite qu'à échafauder avec sa sœur un plan pour éloigner son jeune frère. Ce qui fut facile, l'adolescent de 17 ans avait déjà à l'esprit d'autres « préoccupations » que celles de surveiller ses sœurs.

Un premier rendez-vous, puis un autre la semaine suivante à Acquaviva au rocher de Baldassererona où, paraît-il, l'histoire de San Marino a commencé. Puis encore un autre derrière le moulin des Molinari. Puis encore au pied du Mont Cerreto, bref dans tous les endroits incontournables de la petite république et bien connus des amoureux. À chaque fois couverts bien sûr par la discrétion de la brave Augusta.

***

En ce jour de novembre 1915 donc, la petite sœur fait le guet au pied de la tour Montale. Grâce à une petite échelle que Felice avait cachée dans les buissons, et à la clé qu'Augusta avait subtilisée à son père, les deux tourtereaux ont pu monter jusqu'au sommet de cette petite tour.

Là-haut, ils dominent le monde. À cet instant, ils en sont les rois. Tendrement enlacés, le visage tourné vers la mer, les yeux rivés sur l'horizon, ils écoutent le bruissement léger des feuillages. Puis ils se regardent amoureusement, s'embrassent, se laissent emporter et enivrer par le tourbillon de l'amour.

Malgré le soleil, à cette période de l'année il fait froid et il y a peu de monde dehors. Le risque est donc limité à leur seule présence.

Serrés l'un contre l'autre, ils auraient voulu que ce moment dure longtemps. Qu'il dure cent ans. Mais encore une fois, la cloche de la basilique est venue tout gâcher. Il est l'heure. L'heure de se quitter. Pour elle, l'heure de retrouver ces gens-là qui ne comprennent rien à l'amour. Pour lui, l'heure de retrouver sa petite vie et son bandonéon…

Le lendemain, alors qu'Auguste reproche violemment aux deux sœurs leur retour tardif de la veille et leurs trop nombreuses sorties, au détriment du travail bien sûr, Caterina explose et fond en larmes. Et après le départ de son père, elle raconte tout à sa mère. Maria lui administre alors une gifle magistrale dont la jeune fille se souviendra toute sa vie, puis la prend dans ses bras pour la consoler.

***

Un bref instant, la mama s'est revue quelques années auparavant aux côtés de Vittorio, dont elle était follement éprise et qu'elle n'avait pas pu marier à cause des principes. « *nella nostra famiglia, non sposiano un lavoratore* » (dans notre famille, on ne se marie pas avec un ouvrier), lui avait-on rétorqué. Elle s'était donc sacrifiée et avait accepté Auguste, pour respecter les règles. L'amour devait suivre… peut-être.

Oh ! Elle ne peut pas dire qu'elle ait été malheureuse, Maria. Son Auguste l'a aimé dès le premier regard. Il faut avouer qu'elle était la plus belle jeune fille de la petite république et que beaucoup de garçons de bonne famille avaient des vues sur elle, pas toujours honnêtes il faut bien l'avouer. Les mauvaises langues disaient même que les négociations entre les deux familles avaient été très longues et coriaces. Bref, Auguste l'avait emporté et, au fil des jours, le sentiment était entré dans le couple.

Il avait juré de la rendre heureuse. Malheureusement, ce n'était que des promesses. L'avarice de son mari obligeait même Maria à vendre en cachette des bouteilles de vin pour que ses enfants ne manquent de rien.

Elle lui a donné 6 enfants. Caterina, Sebastiano, Teresa, Augusta, Santo et… Vittorio, six enfants qu'elle a élevés avec une bonne éducation, catholique bien sûr, mais aussi celle liée à son statut social. D'ailleurs comme elle, tous ses enfants savaient lire et écrire.

***

À peine remise de la mort de son petit Santo, cinq ans, retrouvé noyé au moulin, elle n'est pas prête à affronter un nouveau malheur. Elle ne peut pas accepter ce que vient de lui raconter sa fille aînée. À contrecœur, elle repousse son enfant, lève les bras en l'air, se tient la tête et marmonne en fixant sa fille avec un regard noir.

« *Ma che cosa abbiamo fatto a Dio* (mais qu'avons-nous fait à Dieu), te rends-tu compte dans quelle situation tu nous mets. *Madona* ! Que va dire ton père ? Il va être furieux, il va te tuer et je ne pourrai même pas te défendre. Non ! tu dois quitter ce *bracciante.* Regarde autour de toi, tu es belle et les bons prétendants ne manquent pas.

Marino, Antonio, Camillo et même cet idiot de Domenico n'ont d'yeux que pour toi. »

Mais Caterina ne veut rien entendre.

Lorsque son père l'apprend, il ne peut contenir sa colère et tout le quartier peut partager la scène qui se joue dans la maison familiale à grands coups de *Madona* et de *Porca miseria,* et autres jurons bien connus de tous, mais non respectables.

Même si elle s'attendait à une telle réaction, Caterina est tout de même déçue. Elle pensait qu'une fois l'orage passé, son père allait la comprendre et donner son autorisation. N'était-elle pas sa fille préférée, son aînée ? L'aînée, justement ! Elle doit donner l'exemple. Elle ne doit pas remettre en cause l'autorité du chef de famille.

Felice est renvoyé. Caterina est condamnée à ne s'occuper que de l'entretien de la maison. Il est hors de question qu'elle revoit ce *vagabondo*. Il est hors de question qu'elle sorte. Il est convenu que son futur mari serait Domenico.

Pour mettre au point cette affaire, car il s'agit bien là d'une affaire avant d'être un mariage, Auguste et Valerio, le père du garçon, se rencontrent régulièrement. Il faut agir rapidement avant que la petite ne fasse une bêtise irréparable et surtout faire taire les commérages.

Malheureuse, mais soulagée d'avoir affirmé son amour, Caterina se montre soumise à la volonté de son père. Mais sa détermination est intacte.

Profitant de l'activité intense des vendanges, et de la complicité de sa fidèle petite sœur Augusta, elle arrive souvent à s'échapper de sa prison pour retrouver son Felice.

C'est ainsi qu'un soir de décembre 1915 ils décident, au pied de la tour du château de Chiesanuova, de quitter la République de San Marino et d'aller vivre en Italie. Peu importe les difficultés. Après tout, n'y a-t-il pas écrit sur le blason de la République de San Marino, sous les trois tours et en lettre majuscule : LIBERTAS ? Ils veulent être libres de choisir leur destin. Libre de vivre ensemble. Et ce soir-là, ils vont échafauder le plan qui va leur permettre de réaliser leur rêve.

Ce sera au lendemain de la fête de Noël. Lorsque tout le monde dormira, repu du copieux repas du réveillon. La veille, juste avant la messe de minuit, elle aura préparé son sac, celui que lui avait offert sa marraine pour y mettre son trousseau. *Seulement quelques petites affaires* lui avait-il dit. *La route sera longue et il ne faut pas se charger.*

Ils avaient d'abord pensé s'installer à San Léo, ce joli petit village perché d'Émilie-Romagne et à moins de trois heures de marche. Mais Caterina s'est souvenue que son père y avait quelques affaires et que, de ce fait, ils ne seraient jamais tranquilles. Il fallait donc aller plus loin, tout en laissant croire, pourquoi pas, qu'ils partaient pour San Léo.

Alors Felice s'est souvenu qu'un de ses copains avait migré sur la côte ouest, dans la province de Grosseto, vers la méditerranée. Là-bas, il y avait du travail. C'est donc là qu'il fallait aller. Loin, très loin de ce monde prétentieux qui ne comprend rien.

***

Pendant la messe de minuit, elle l'aperçoit. Par défi, il s'est installé au premier rang, côté hommes. Il veut que tout le monde le voie une dernière fois, lui, le petit *lavoratore* qui s'est permis de courtiser une grande *Possidente*. Ils se font discrètement un petit signe complice qui veut dire, tout est prêt.

Après le festin, qui a quand même duré plus de quatre heures, elle embrasse sa mère et Augusta, puis va se coucher sans rien laisser paraître de ses projets. Fatigués, et l'estomac bien rempli, les autres convives en font de même. Patiemment, elle attend les premiers ronflements pour sortir discrètement par la fenêtre de sa chambre. Sa sœur ne dort pas. Mais elle garde les yeux fermés. Quelques larmes coulent, elle pleure en silence. Elle sait. Mais elle ne veut pas faire d'adieux. Ce serait trop dur pour toutes les deux et cela risquerait de faire tout échouer. Le bonheur de Caterina passe avant tout.

Il est là, au pied de l'échelle. Il fait encore noir et le fond de l'air est glacial. Ils s'embrassent. Tout d'un coup, quelque chose tombe sur la tête de Caterina. C'est son manteau qu'Augusta lui a envoyé par la fenêtre. Elle lève les yeux, mais ne la voit pas. « Elle n'a pas encore huit ans. Que va-t-elle devenir ici, et quand nous reverrons-nous ? » pense-t-elle. Jamais elle n'oubliera sa petite sœur.

Main dans la main, ils prennent la route en direction de San Marino pour vivre encore une fois l'émotion de leur premier rendez-vous et où, ils l'espèrent, ils trouveront quelqu'un qui les mènera jusqu'à Rimini. Là, ils prendront un train jusqu'à Bologne puis un autre qui les conduira à Gavorrano, à l'autre bout de la Toscane, loin, très loin de tous ceux qui veulent les empêcher de s'aimer.

Arrivés sur la place de la liberté, ils s'assoient au pied de la statue pour se reposer un peu et se protéger de la fraîche brise de la nuit. Le jour n'est toujours pas levé. Il n'y a encore personne dans les rues. Enlacés l'un contre l'autre pour se tenir chaud, ils sont là, chacun perdu dans ses pensées.

— Est-ce bien ce qu'il fallait faire ? demande Felice. Peut-être qu'avec le temps ton père aurait fini par accepter notre relation ?

— Non. Lui répond doucement Caterina. Il est *testado* comme une mule. Et il a déjà tout calculé pour que j'épouse *il Domenico* dans un mois. La vie qui nous attend ne sera peut-être pas celle que j'aurais pu avoir ici, mais au moins nous serons ensemble.

Lentement, le ciel s'éclaircit et les premiers rayons apparaissent. Ils se redressent et s'avancent vers le parapet pour admirer le lever du soleil sur la vallée. En silence, ils contemplent ce magnifique paysage de monts, de vallées et de hameaux, le caressent longuement du regard pour le graver à jamais dans leur mémoire.

— Bonjour, que faites-vous ici de si bonne heure ? leur crie une voix qui ne leur est pas inconnue.

Ils sursautent, se retournent et aperçoivent le père Dario.

Complice par la confession de leur amour secret, il a, dès qu'il les a vus, compris qu'ils avaient mis leur projet à exécution. Après une longue discussion, il décide tout de même de les aider et de les emmener avec sa carriole jusqu'à Rimini. Au nom de sa profession, il ne peut approuver ouvertement leur conduite. Mais même la rigueur d'une religion ne peut rien contre l'amour. Dans son cœur, il sait que parmi toutes les voies du seigneur, même les plus impénétrables, il y en a au moins une qui les conduira vers leur destin. Et ce ne sont pas les interdits de sa foi qui vont l'empêcher de faire un bout de chemin avec ces deux jeunes fous. Il a toujours été touché par leur amour. Le sien s'est éteint le 28 décembre 1908, dans les ruines de Messine.

Triste Noël que ce Noël 1915. Il fait froid, le ciel s'est maintenant chargé de gros nuages gris, lourds de pluie. Dans le hall de la gare, il n'y a personne. L'ambiance est angoissante. Ils sont seuls, perdus dans cette ville d'ordinaire si active. C'est vrai qu'on est dimanche et que c'est le 25 décembre. C'est vrai aussi qu'il y a la guerre…

***

Quelques mois plus tôt, l'Italie a rejoint la France et l'Angleterre dans le conflit contre l'Allemagne et l'Autriche-Hongrie. Personne ne sait trop ce qui se passe de l'autre côté de l'Adriatique. La mobilisation générale a été ordonnée en mai. Mais, d'après les ragots, ce serait un peu le « bazar » en Italie, au niveau politique et économique. En plus, il se dit que l'armée n'aurait pas beaucoup de matériel et d'équipement. Il y aurait également eu, paraît-il, des batailles au nord, à la frontière de l'Empire Austro Hongrois, le long de l'Isonzo. Mais d'après les mieux informés, l'Italie devrait dans cette guerre gagner des territoires jusqu'à Trieste au moins.

On n'en sait pas plus. Les journaux ne disent pas grand-chose, ou n'importe quoi. Tout le monde se méfie de la propagande. Ce qui est sûr c'est qu'il y aura encore beaucoup de morts pour quelques lopins de terre. C'est toujours la même histoire qui recommence. Ça ne finira donc jamais.

Heureusement, San Marino a toujours su conserver son indépendance. Même Bonaparte l'a en son temps, respecté. On raconte qu'il aurait même fait don de ses canons à la petite république.

Dans les veillées, on affirme que la guerre ne touche pas directement les habitants de ce tout petit état. Les San Marinais ont bien sûr de la compassion pour leurs frères et sœurs Italiens et ils sont prêts à accueillir chez eux quiconque en aurait besoin, comme ils l'ont fait jadis avec Garibladi. Tant qu'on ne touche pas à ses frontières et à l'équilibre de la cité bien sûr.

***

Aujourd'hui, nos deux fugitifs ont d'autres préoccupations. Partir loin d'ici, se construire une nouvelle vie, fonder une grande famille. De toute façon, Felice a été réformé.

Pourquoi n'y a-t-il pas de train annoncé ? D'habitude, ils circulent même les jours fériés. Felice va se renseigner et on lui répond que la priorité est donnée aux soldats. « Comme c'est Noël, une trêve a été décidée. La compagnie en a profité pour donner un jour de repos à tout le monde. Vous devez attendre jusqu'à demain matin 5 h ». *C'est bien Italien encore ça !* avait répondu sèchement Felice. *Ce n'est pas grave* avait soupiré Caterina. Elle était heureuse. Heureuse d'être délivrée. Heureuse de partir avec son homme vers la liberté. Heureuse, mais soucieuse. Elle savait qu'en ce moment la foudre de son père s'était abattue sur sa jeune sœur et sur sa mère. Que peut-être des coups étaient même déjà tombés. Elle savait que maintenant, à cause d'elle, cela allait être l'enfer pour Teresa et Augusta.

Felice compte ses sous. Grâce à ses économies, il peut payer le train. Sauf si, avec la guerre, le prix a augmenté. Ensuite, il ne lui restera pas grand-chose. Mais cela ne l'inquiète pas. Il sait qu'il n'aura aucune difficulté à se faire embaucher à la mine de pyrite et qu'il peut en attendant faire plein de petits boulots. Le travail ne lui fait pas peur. L'essentiel est que Caterina ne manque de rien.

De son côté, la jeune fille vérifie si elle a bien emporté son chapelet. En fouillant dans son sac, elle met la main sur une toute petite bourse accompagnée d'un mot, maladroitement écrit : « Ce n'est pas beaucoup, mais je pense que je n'en aurai pas besoin. Donne-moi de tes nouvelles, Augusta. » Elle sent des larmes couler sur ses joues. Felice la prend dans ses bras et l'emmène doucement vers la salle d'attente. Beaucoup de gens, certainement surpris comme eux des mesures prises, y sont déjà assis. Au fond de la pièce enfumée, ils trouvent une place sur un banc, à côté de deux hommes tout juste sortis de l'adolescence, vêtus d'un uniforme gris verdâtre et coiffés d'un casque de la même couleur. À leurs pieds, un gros sac en toile. Les yeux battus et rougis par le froid, ou par la peine d'avoir quitté une famille ou un être cher, ils sont là, le regard éteint, à attendre un train qui les conduira peut-être vers la mort.

L'odeur est tellement forte que les jeunes amants décident de ressortir de la gare et d'attendre dehors. L'agent avait dit : « Au plus tôt, il y aura peut-être un train en début de soirée. Mais ce n'est pas sûr. »

Tout en marchant, ils se racontent leurs bons moments. La fête de Sainte Agathe et les danseurs mécontents, leur premier baiser au rocher de Baldassererona, leurs amours en haut de la Montale.

Sans s'en rendre compte, ils arrivent, Piazza delle Erbe. Le cadran solaire affiche 2 heures de l'après-midi.

***

Caterina y était venue une fois l'année dernière avec sa mère et ses sœurs. « Pour faire quelques emplettes », avait dit Maria. C'est dans une petite boutique sous les arcades près de la tour de l'horloge qu'elle lui avait acheté sa belle robe noire, bordée d'un col en dentelle blanche et fermée sur la poitrine par 12 petits boutons recouverts de velours. « Pour les grandes occasions, avait-elle ajouté ». Pour ces familles-là, il fallait absolument soigner l'apparence lors des fêtes et des cérémonies. Montrer qu'on était riche, montrer qu'on avait également une belle fille à marier. C'est en tout cas grâce à cet argument que Caterina avait pu la porter ce 5 février 1915.

Quelques mois plus tard, l'Italie entrait en guerre, Rimini subissait les premiers bombardements et la situation s'aggravait de ce côté de l'Adriatique.

***

Ils se sont embrassés là, juste sous l'horloge en se moquant de tout ce que pourraient en dire les passants, puis ils ont fait demi-tour pour rejoindre la gare. Le ciel menaçait de plus en plus. Il fallait rester prudent et essayer de prendre le premier train qui pourrait se présenter. Car malgré la trêve, la rumeur parlait aussi de la possibilité de nouveaux raids aériens sur la gare.

« Eh ! oui ! Il y a maintenant des avions pour faire la guerre. Avait ajouté Felice. Les hommes ont encore réussi à détourner l'aboutissement d'un rêve, celui de voler comme les oiseaux, vers un cauchemar, celui de détruire ce qu'ils ont construit, même s'il faut pour cela tuer des innocents. »

Fatigués, nos amoureux s'assoient contre un mur dans le hall de l'édifice. Le ciel s'est assombri tout d'un coup et des éclairs traversent les nuages. Frigorifiés, mais bercés par la pluie, ils s'endorment l'un contre l'autre.

Vers les cinq heures de l'après-midi, Felice est réveillé par quelques tapes sur son épaule. En ouvrant les yeux, il reconnaît Guido, un ami qu'il avait rencontré lors du tour d'Italie. *Felice ? Guido ?*

Chapitre V
EHPAD
31 mars 2021

Maman, maman, tu m'entends ?

Quelqu'un lui tapote doucement l'épaule.

Ce jour-là, comme d'habitude, on l'avait descendue en avance dans la salle et, exceptionnellement, assise dans un fauteuil. Toute menue au fond de ce siège, la tête penchée sur sa poitrine, elle s'était assoupie.

Elle sèche vite ses larmes et répond :

— Oui, je t'entends. J'étais perdue dans mes souvenirs et cela m'a fait beaucoup de bien.

— Alors pourquoi tu pleures ?

— Je ne pleure pas. Je suis toujours émue lorsque je repense à l'histoire de mes parents. Il faut dire aussi, ajoute-t-elle en plaisantant, que j'ai toujours eu l'habitude d'en rajouter un peu, pour le fun comme on dit maintenant.

— Je sais. Chaque fois que tu nous la racontais, nous étions nous aussi très bouleversés.

La quarantaine a été levée. Encore une fois et jusqu'à quand ? Les visites étaient à nouveau autorisées. Mais une seule personne, sur rendez-vous et seulement trente minutes. Sa fille avait enfin obtenu l'autorisation de la voir, mais ici, dans la salle, pas dans la chambre. Et avec un test négatif et un masque bien sûr.

— Maman, comment vas-tu ? Je t'ai apporté de nouvelles culottes. Ils n'ont pas retrouvé les autres ni ta veste beige.

— Merci. Tu sais, toi, pourquoi c'est important pour moi. Mon tailleur bleu marine est toujours là ?

— Oui.

— Quel temps il fait dehors ?

— Il y a du brouillard et il fait froid.

— T'as eu du courage de venir jusqu'ici.

— Est-ce que tu as mangé à midi ?

— Un petit peu. C'était bon, mais à mon âge, tu sais, on n'a plus beaucoup d'appétit. T'as le temps ?

— Oui, mon prochain bus n'est qu'à 16 h sur la place de l'église.

— Merci. Ça fait du bien de voir et d'entendre quelqu'un. On ne m'a toujours pas autorisé à voir mon frère. Mais lui est venu en cachette et on a pu parler un peu. Pas longtemps. Ils craignent qu'on se passe la maladie. C'est vraiment une sacrée saloperie ce virus. Chez toi, tout va bien ?

— Oui. Nathalie se remet tout doucement du COVID. Mais elle n'est toujours pas en forme. Alessia termine son stage.

— Elle a un nouveau copain ?

— Non. Pour l'instant, elle se consacre entièrement à ses études.

— Et chez Olivier ?

— Tout va bien. Les petits sont pleins d'énergie. Je vais les garder demain.

« Je suis désolée madame, mais il est l'heure », dit d'une voix anonyme une toute jeune fille.

— Déjà ? C'est dommage. Finalement, tu passes plus de temps dans l'autobus qu'ici. Je suis désolée de te déranger. Tu vois, même ici j'embête tout le monde. Embrasse-les tous. Dis-leur que tout va bien.

— Allez, repose-toi maintenant, maman. On reprendra un rendez-vous très vite pour que quelqu'un puisse encore venir te rendre visite. On essaiera de venir chacun notre tour comme ça, tu verras un peu tout le monde. Je t'appellerai demain.

Sa fille l'embrasse et part. La porte de la salle se referme et elle pleure. *Pourquoi ? Pourquoi le bon Dieu ne me prend-il pas ? Pourquoi dois-je encore souffrir ?*

Elle sait qu'elle devra encore attendre là, dans ce fauteuil, que quelqu'un trouve le temps de la remonter dans sa chambre. Elle espère que ce sera Nathan. *Avec lui, je suis rassurée. Il sait toujours trouver les mots qu'il faut pour me faire rire, et... m'écouter. Il est jeune et s'occupe bien de moi. Lui, il n'oublie pas de changer les piles de mon sonotone. Avec lui, je fais l'effort de manger un peu. Comme quoi l'âge et la soi-disant expérience ne font pas tout dans ce métier. Il faut juste l'aimer.*

Mais non. On est lundi, il est de repos aujourd'hui. Dommage.

***

À vingt heures, le président de la République annonçait à la télévision qu'un troisième confinement allait être imposé du 3 avril au 3 mai 2021. Elle ne verra donc, encore, pas beaucoup de monde dans les semaines qui viennent.

Partie II
Maman, Mamie

Le temps

Quelques mots un peu écrits au hasard
Pour dire qu'il y a toujours quelque part
Un espace de roses et de myosotis,
Même autour de la plus humble des bâtisses
Pour faire appel à nos souvenirs,
À ceux qui nous ont fait sourire,
Et à ceux qui nous ont fait souffrir,
Mais toujours avec de gros soupirs.

C'est peut-être pour cela
Qu'il faut laisser ces grands moments résister au temps,
Et aussi à ces fleurs-là
Le temps d'en faire un éternel printemps.

jlm
Novembre 2020

Chapitre I
Hussigny-Godbrange
Juillet 2007

— Allez, Mamie, raconte-nous l'histoire de la Nonna, lui demande Éric.

— Oh ! oui ! Mamie, ça fait tellement longtemps, insiste Nathalie.

C'est la première fois que sont réunis, ensemble, ses neuf petits-enfants. Demain, on fête ses 80 ans. Quatre-vingts ans qu'elle a eus en mai, mais, pour que toute la famille soit réunie, on a décalé à ce week-end-là, en juillet.

Elle adore ses 9 petits-enfants. La plus grande a déjà maintenant 36 ans et la plus jeune seulement 13 ans. Comme le temps passe…

Cette histoire, ils la connaissent par cœur tant ils l'ont eux aussi entendue. Assis autour d'elle, ils ouvrent tout grand leurs yeux et écoutent encore la mamie raconter.

***

… Grâce à Guido qui était alors, guerre oblige, Capitano, ils ont pu profiter du train militaire pour se rendre à Bologne. De là, ils ont eu une correspondance directe pour Gavorrano.

Ils ont trouvé un petit logement à Ravi, sur le domaine de la Scala Pacina. Félice, mon père donc, a d'abord travaillé dans les vignes puis a été embauché à la mine voisine.

Pour améliorer leur quotidien, Caterina, ma mère, la Nonna donc, aidait par-ci par-là… Ils étaient pauvres, mais heureux et profitaient pleinement de tous les petits moments de bonheur que la vie leur offrait.

Mais au bout de quelques mois, elle ne pouvait plus vivre dans le péché. Elle en fit part à mon père qui décida alors de retourner à Chiesanova pour officialiser leur union.

C'est comme ça que le 25 août 1916, ils ont pris le bus en direction de San Marino. Le voyage avait été long et risqué. C'était toujours la guerre.

Le lendemain, c'était un samedi, le gentil père Dario les a mariés dans la petite église du village, sans le consentement des parents.

Ma mère avait à peine 20 ans. Pour l'occasion, elle avait revêtu sa jolie robe noire bordée d'un col en dentelle blanche et fermée sur la poitrine par 12 petits boutons recouverts de velours… Mon père avait emprunté le costume de mariage de son père, Marino. Il n'y avait pas beaucoup de monde à la cérémonie. Les mariés, Antonio, le frère de mon père, quelques anciens copains musiciens et Augusta que ma grand-mère avait autorisée à s'y rendre en cachette du Père. Elle savait que la petite lui en rapporterait les moindres détails.

De retour en Toscane, ils ont repris leur petite vie à RAVI. Mais malgré tout leur courage, la vie était de plus en plus dure.

Ils avaient déjà deux enfants, Fernanda, trois ans et un petit garçon de 8 mois appelé Yolando, en hommage à leur première fille Yolanda, morte alors qu'elle n'avait pas deux ans.

En plus, au vu des nouvelles que lui donnait de temps en temps sa sœur Augusta, par l'intermédiaire du grand frère d'une de ses copines d'école, il était clair que Caterina avait été reniée par son père et qu'elle ne pouvait plus remettre les pieds dans sa maison. C'est comme cela qu'elle avait aussi appris le décès de sa sœur Teresa, morte de la tuberculose en 1921. Elle avait à peine 16 ans.

Caterina avait été très touchée par ce nouveau drame. Mais une mauvaise pensée n'avait pu l'empêcher de sourire. En effet, Auguste, son père avait promis à Valério, le père de Domenico, qu'à défaut de

Caterina, il aurait Teresa. Pauvre Domenico. Il n'avait décidément pas de chance avec les filles Rossini.

***

L'Italie était en pleine crise et le printemps de cette année 1922 ne présageait rien de bon. La montée du mouvement mussolinien les inquiétait.

Troublés par tous ces malheurs et ne voyant dans ce pays aucune issue favorable à leur condition, ils ont alors décidé de tout quitter, une fois de plus, et d'aller chercher du travail ailleurs. Pourquoi pas en France où les mines de fer sont en plein essor ? À cette époque, en Lorraine, la société RATY recherchait de la main-d'œuvre pour ses hauts fourneaux. C'est comme ça qu'en août 1922 ils ont traversé les Alpes, avec pour tous bagages une modeste valise en carton, un baluchon, et deux enfants sur les bras.

Mais avant de partir, ils ont voulu revoir leur chère république et leur famille. Et en ce beau dimanche du 13 août, ils ont repris la route vers Chiesanuova. Prévenue par Antonio, Augusta a retrouvé sa sœur au pied de la Rocca Cesta pour lui remettre une petite bourse de la part de leur maman. Elle l'a ensuite embrassée très fort et lui a promis qu'elles se reverraient.

Pour l'occasion, Antonio avait loué une carriole pour les reconduire à la gare de Rimini.

Caterina s'est retournée. Le regard fixé au loin sur le toit de sa maison, elle a regardé une dernière fois sa chère campagne où elle avait connu tant de bonheur. Elle n'a pas pu retenir ses larmes en imaginant la silhouette de sa mère qui regarderait dans sa direction. Elle sait déjà qu'elle ne la reverra jamais. Mon père, lui, reviendra à San Marino une seule fois, en 1954.

***

— Tu es sûre que tu n'en rajoutes pas, Mamie ? lui dit Sophie.

— Tu sais ma chérie, Caterina et Felice ont vécu une si belle histoire qu'ils méritent qu'on puisse en rajouter un peu. Après tout, c'est une histoire, non ? répond la Mamie.

— Et après, demande Marc impatient de connaître la suite.

***

— Arrivé en Lorraine, mon père a tout de suite été embauché. D'abord à l'usine d'Herserange puis à celle d'Hussigny-Godbrange. À l'époque, la mine à ciel ouvert d'Hussigny, était une des plus importantes de la région et l'usine tournait à plein régime.

Les ouvriers célibataires habitaient principalement dans un quartier appelé la basse Italie situé en contrebas du village à la frontière luxembourgeoise. Ils étaient logés dans des baraquements en bois dans des conditions sanitaires très précaires. La semaine, ils trimaient comme de pauvres diables pour survivre, dans des vêtements sales. Mais le dimanche, ils mettaient leurs beaux habits, faisaient la fête, buvaient, jouaient de la musique, chantaient. Il arrivait quelquefois aussi que pour des raisons absurdes de nationalité des disputes et des bagarres éclatent entre les « locaux » et ces « immigrés ». Les choses n'ont pas beaucoup évolué.

Les familles des mineurs et des ouvriers de l'usine étaient aussi logées, par les patrons, dans les nouvelles cités. Souvent un petit deux ou trois pièces, mais toujours avec un jardin que les hommes, malgré leur fatigue, chérissaient dès leur sortie de l'usine. Ce qui était récolté ici n'était pas à acheter à la coopérative. C'est comme ça qu'après avoir connu la côte rouge et la basse Italie, mes parents ont obtenu un logement à la cité Michel, puis bien plus tard à la cité Ferry à Godbrange.

Pour nourrir la petite famille qui s'agrandissait, mon père travaillait beaucoup, trop même de l'avis de son chef. « Il mangeait le pain des Français ». Mais s'il voulait que ses enfants grandissent ici comme tous les autres, qu'ils aillent à l'école et qu'on les appelle par leur prénom, qu'ils soient libres et fiers du pays qui les a accueillis, il savait que seul son travail pouvait lui faire espérer un jour avoir pour eux cette naturalisation française. Graal qu'il ne manquerait pas de réclamer auprès du Procureur de la République avant leur majorité. C'était sa principale préoccupation. C'est comme ça qu'en 1938, j'ai été naturalisée Française.

À la basse Italie, ma mère avait même monté une cantine pour accueillir et nourrir les nombreux célibataires étrangers qui venaient y travailler. Ce n'était pas facile, car il n'y avait pas beaucoup de confort. Pour l'eau par exemple, il n'y avait qu'un robinet pour tous, au milieu d'une petite place.

Elle leur préparait de bonnes pâtes faites à la main et la piadina. Tous les plats simples et pas trop chers qui leur rappelaient leur pays.

Les plats qu'on prépare encore ici aujourd'hui et qui vous régalent toujours : tortellini, pâtes au four, piadina…

Mais ils n'étaient pas chez eux. Ils étaient avant tout des étrangers, des ritals, des macaronis. Et dans ce « petit village », maintenant à forte population principalement venue de l'Émilie-Romagne, la solidarité était très importante.

Un jour, on ne sait pas comment, mais malheureusement on devine pourquoi, le feu a pris au niveau des baraquements. Les hommes n'ont pas baissé les bras et ont tout reconstruit. Un autre jour, lassé des remarques permanentes des soi-disant représentants syndicaux au sujet des heures travaillées, quelqu'un a un tout petit peu malmené le chef, un matin très tôt, dans le noir. Le porion, comme on l'appelait, n'a jamais su qui était son offenseur, mais il a tout de suite su pourquoi. Et il n'a plus embêté ni le Pépère ni aucun autre ouvrier parce qu'il travaillait trop.

La vie était dure, les années passaient avec leur lot de bonheur et aussi celui des malheurs.

Comme ce jour où le petit Yolando jouait devant la maison avec une petite copine de son âge. En fin d'après-midi, ma mère l'a appelé pour qu'il rentre. Il n'a jamais répondu à ses appels. Alors toute la cité s'est mobilisée pour le chercher, en vain. Lorsque tout à coup la petite fille leur a dit « Poum là ! Yolando. Poum là ! » En leur montrant la plaque qui recouvrait un puits. En s'apercevant qu'elle était mal posée, les hommes ont très vite compris. Ils ont repêché le petit garçon et déposé son corps sans vie sur un petit peu de paille. Il n'avait pas cinq ans.

Encore petite, mais déjà grande dans sa tête, Fernande, qui avait 7 ans, a très vite emmené Sabine loin de ce triste lieu. C'était encore un coup dur pour mes parents. Moi je n'étais pas encore née, mais on me l'a tellement raconté que j'ai toujours l'impression d'avoir vécu ce drame.

***

Le temps a passé, je suis née l'année d'après, en mai 1927. Avec la petite Marie qui avait un an et demi, nous étions alors à nouveau quatre à la maison. Puis sont arrivés les tatas Antoinette, Valentine, et enfin un garçon. Mon père était tellement heureux qu'il a fait le tour du quartier pour annoncer la nouvelle. En trinquant bien sûr dans chaque maison à la santé du bébé…

Il faisait très chaud en ce mois de juillet 1933. Georges Speicher venait de remporter le tour de France, juste devant les deux Italiens Guerra et Martano sur lesquels avait parié mon père. L'Allemagne avait un nouveau chancelier. Un pacte à quatre avait été signé par la France, le Royaume-Uni, l'Italie et l'Allemagne pour garantir la paix, paraît-il. La construction de nouvelles cités minières avait amélioré les conditions de vie des « ritals » et des « polaks » qu'on avait toujours du mal à nommer autrement. Mais pas grave. Ce jour-là, c'était l'euphorie dans la cité. Sept ans après le drame qui avait marqué tout le village, un garçon était enfin arrivé dans notre foyer. Mon père était fou de joie. Sur la route qui le conduisait à la mairie, il connaissait beaucoup de copains qui voulaient partager ce bonheur avec lui. Et à chaque fois, il avait droit à un petit verre.

Arrivé à la mairie pour déclarer le bébé, il était bouleversé et… un peu pompette. Des larmes de joie coulaient sur ses joues. Il avait du mal à rester debout. Heureusement, César, son voisin, l'avait accompagné. Et lorsque la secrétaire, amusée, lui a demandé : « Alors Félix, comment va-t-on l'appeler ce garçon ? » il a balbutié quelques paroles incompréhensibles puis déclaré « MA, MA, ANTONIO ». C'est ainsi que le coco, petit nom qui ne l'a plus quitté, s'est appelé Antoine au lieu de Marino.

En 1935 est arrivée Thérèse et en 1937, Henri. Nicole, elle, est venue plus tard, en 1941.

***

— Mais Mamie, vous étiez donc 10 enfants ? Interroge Amandine.

— Eh oui, ma chérie, et avec Yolanda et Yolando, ma mère a eu au total 12 enfants. C'était fréquent à cette époque…

— Il fallait avoir beaucoup de courage pour élever tout ce petit monde, ajoute Magaly.

— Et surtout une bonne santé plaisante Jean-Yves…

— C'était quand même une sacrée bonne femme, cette Nonna. Déclare Damien…

— Oui. On peut même dire que c'était une sainte, ma mère.

Chapitre II
EHPAD
Mi-avril 2021

Déjà 14 ans. Comme le temps passe. Depuis, on n'a jamais plus eu l'occasion de se retrouver tous réunis comme ce dimanche de juillet 2007. Enfin, presque tous puisque leur grand-père était déjà décédé depuis 17 ans. C'est la vie. Le temps passe et on ne profite jamais assez de ces bons moments. Heureusement, il reste les souvenirs. Les bons qu'on n'oublie jamais, les mauvais qu'on voudrait oublier, se dit-elle à voix basse, dans un long soupir.

***

Pour elle, c'est encore une longue journée d'ennui qui s'annonce. Elle est de plus en plus fatiguée. Elle a de moins en moins envie de vivre. Elle n'a plus d'appétit, elle ne mange plus ou très peu. « Ce n'est pas grave. Vous mangerez mieux demain… »

Ce matin, elle a demandé des nouvelles de son frère. On lui a juste dit que tout allait bien pour lui. Elle a également demandé si elle pouvait recevoir des visites. On lui a répondu qu'ils étaient à nouveau en quarantaine. Depuis son arrivée dans l'établissement, en janvier, elle n'a pu voir ses filles que trois fois, une seule à chaque fois et pas plus de trente minutes. Elle n'a donc pratiquement jamais pu quitter sa chambre, à part ses courts séjours à l'hôpital. Au confinement et aux quarantaines s'était ajouté un problème de téléphone au niveau de l'EHPAD. Impossible de recevoir des appels. *Ma foi, c'est comme ça et on ne peut rien y faire* pense-t-elle pour se consoler de cette solitude qui l'empoisonne doucement. *Comme s'il n'était déjà pas facile de vivre ici, il a fallu que ce maudit COVID s'invite à la fête…*

***

Ah ! des fêtes, elle en a vécu beaucoup. Elle aimait ces moments de retrouvailles en famille autour d'un repas modeste, mais pantagruélique, composé des délicieuses spécialités italiennes, toutes faites maison bien sûr. La Nonna, qui malheureusement n'était plus là pour les apprécier, avait parfaitement transmis les traditions.

Cela commençait par une première entrée froide, souvent faite de charcuterie, puis d'une assiette de cappelletti, entièrement faits maison, de la pâte au bouillon en passant par la farce. Et tous ces petits chapeaux confectionnés la veille un à un par toute la famille réunie dans la cuisine autour de la grande planche à pâte. Rien à voir avec ce qui se vend ou se sert dans les restaurants, même italiens, aujourd'hui.

Venait ensuite le plat de viande, souvent un rôti ou un lapin, et ses légumes, avant de découvrir le plateau de fromages puis enfin le dessert et le café, gardé au chaud au coin de la cuisinière à charbon dans la grande cafetière à filtre. Tout cela bien arrosé et pas toujours avec modération, il faut le reconnaître.

***

En silence, elle revoit ces grandes tablées bruyantes où, à chaque mariage, à chaque communion, le repas ne pouvait pas se terminer sans les chansons. Et après « Bella Ciao » (qui n'était pas encore le succès d'aujourd'hui), tout le monde reprenait en cœur l'inévitable « quel mazzolin di fiori ».

Les yeux fermés, elle se surprend à la chantonner tout bas.

Quel bonheur ! Elle se souvient encore de toutes les paroles.

Quel mazzolin di fiori, che vien dalla montagna
Quel mazzolin di fiori, he vien dalla montagna
E bada ben che non si bagna, che lo voglio regalar
E bada ben che non si bagna, che lo voglio regalar...

Elle est maintenant dans la grande salle du restaurant « La boule rouge », où se passaient plus tard pratiquement toutes les fêtes. Et très vite, elle entend ses sœurs, sa belle-sœur, son frère et ses beaux-frères, et tous les autres, la reprendre avec elle. Plus loin, les enfants essaient eux aussi de la chanter. Sûr que cette chanson restera à jamais gravée dans leur mémoire.

Dieu qu'il est loin ce temps. Période de joie, où tout le monde profitait de la moindre occasion pour se libérer, pour oublier les longues années de guerre qui avaient gâché leur enfance, pour vivre, pour décompresser de leur dure semaine, des longues heures de travail passées dans la mine ou dans la chaleur étouffante de l'usine, pour apprécier pleinement ce pays. Il en a fallu du temps, du courage et de la patience. Maintenant, ils sont chez eux, comme les autres.

Quel mazzolin di fiori, che vien dalla montagna
Quel mazzolin di fiori, he vien dalla montagna
E bada ben che non si bagna, che lo voglio regalar
E bada ben che non si bagna, che lo voglio regalar...

Perdue dans ses pensées, elle n'entend pas le jeune homme entrer dans sa chambre. Il lui tapote tendrement l'épaule et lui murmure quelques mots à l'oreille.

— C'est beau ce que vous chantez là, mamie.
— Ah ! C'est toi Nathan ? Excuse-moi, j'étais loin. Loin dans mes souvenirs. Loin dans ce temps qui, saison après saison, année après année, m'a conduite jusqu'ici. Ce temps jalonné d'évènements qui ne m'ont pas épargnée et de bonheurs qui ont fleuri ma vie. Je suis

contente de te voir. Depuis ce matin, je n'ai vu personne et en plus le téléphone ne marche plus.

— Je sais. On a quelques problèmes de connexion. Mais ça va s'arranger.

Si vous avez besoin de quoique ce soit, sonnez. Je suis là jusqu'à ce soir. Je vais vous aider à vous lever et vous allez manger un peu. Pendant ce temps, je vais retaper votre lit et changer les piles de votre appareil. Je ne repars pas tant que vous n'avez rien avalé.

— Merci, Nathan. Tu es vraiment gentil. Merci, merci.

— Vous voyez, quand vous voulez… Je vous mets la une comme d'habitude. Je repasserai dans l'après-midi avec des petits gâteaux. Lui dit le jeune homme avant de quitter la pièce. Il sait qu'elle aime tremper un petit biscuit dans son café à quatre heures.

Les visites de ce garçon, poli et très prévenant, lui font toujours du bien.

Assise dans son lit, confortablement installée, elle écoute plus qu'elle ne regarde la télé. « Heureusement que Nathan a changé les piles », se dit-elle.

Elle entend les rires des téléspectateurs à la suite des bouffonneries du présentateur.

***

Les images se bousculent dans sa tête. Les rires font place à la liesse générale lorsqu'apparaît sur l'écran noir et blanc Jean-Claude killy, triple médaillé olympique aux jeux de Grenoble. Puis le présentateur du journal télévisé qui annonce la mort du pasteur Martin Luther King.

Images inquiétantes de ce printemps qui a été chaud dans tous les sens du terme. Avec 30 degrés certains jours, dans la rue c'est la révolution. À la télévision et à la une des journaux, on montre des étudiants qui manifestent un peu partout et des scènes d'émeutes réprimées dans la violence. Ici, on monte des barricades, là on empêche les élèves de rentrer dans leurs collèges et lycées. Que faut-il comprendre dans tout ce charivari ? Rien de bon.

« Et tous ces jeunes, que vont-ils devenir ? Quel avenir pour mes enfants ? » s'inquiète-t-elle en s'endormant.

Chapitre III
Hussigny
Septembre 1968

En cette veille de rentrée scolaire, les cartables sont prêts et les habits neufs repassés.

Après le repas, ils sont là, assis autour de la table dans la petite cuisine de la rue Pasteur. Demain, l'aînée se rendra à l'école de Saulnes où elle enseigne, la seconde traversera le matin de bonne heure le bois de Differdange avec sa Motobécane pour aller travailler à l'hôpital de Pétange. Et les trois autres retrouveront, en traînant des pieds pour un certain, les bancs de l'école. Elle sait que bientôt ses cinq enfants vont partir et que son nid va très vite se vider.

Alors, avant que le temps ne les lui enlève, une fois encore elle leur raconte l'histoire…

***

… Quelques semaines après la naissance du Coco, la Nonna a reçu une lettre de sa sœur. Sur le coup, on n'a pas tout compris. On a vu d'abord ma mère pleurer. Puis sauter de joie. Dans sa lettre, Augusta lui disait qu'elle allait rendre visite à leur frère en Belgique. En effet, le jeune Sébastiano, qui avait lui aussi quitté l'Italie au début des années 30 pour aller travailler dans les mines de charbon dans le Hainaut, l'avait invitée à le rejoindre. C'est comme ça qu'en septembre 1933, la tante Augusta – ma tante de Châtelet, chez qui vous passez chaque année de belles vacances avec la cousine Marie-Thérèse – est arrivée en Belgique, pays qu'elle n'a plus quitté. Car un an plus tard, elle se mariait à l'oncle Saverino. On raconte que dès qu'il l'avait vue, il aurait dit à Sébastiano : « Celle-là, je vais la marier ».

Mais il n'était pas question pour elle de se marier sans avoir Caterina et Felice à ses côtés. Après plus de dix ans, les deux sœurs allaient enfin pouvoir se retrouver.

Pour cette occasion, ma mère nous a confiés à la garde de Fernande, ce qui ne nous enchantait pas forcément, car on la savait très sévère.

À trop vouloir exiger de ses enfants, mon grand-père Auguste les avait finalement presque tous perdus. Il ne lui restait plus que le petit Vittorio. Pour Maria, ma grand-mère c'était le signe d'un destin brisé.

... et puis la guerre est arrivée.

***

— En septembre 1939, la guerre a été déclarée. Comme nous étions dans ce qu'ils appelaient la zone rouge, on a dû quitter Hussigny.

Ce jour-là, alors qu'on s'approchait de la gare, on les a vus arriver sur leurs chevaux.

Oh ! Ils avaient des chevaux magnifiques, pas très grands, mais avec des pattes tellement fines qu'on aurait cru qu'à chaque pas elles pouvaient se casser. La majorité d'entre eux étaient blancs. Enfin un blanc gris.

— *Mais de qui parles-tu, maman ?* demande la plus jeune qui ne connaît pas encore tous les détails de l'histoire.

— Des spahis bien sûr. Depuis le début de la guerre, ils étaient cantonnés à Villers-la-montagne. On les voyait de temps en temps passer au loin lorsqu'ils allaient en reconnaissance dans les bois de

Godbrange. Mais là, ils étaient tout près, à côté de nous. Comme ils étaient beaux, enveloppés dans leur grande cape.

— Quelques personnes étaient un peu surprises par la couleur de leur peau. Alors, la Nonna a éclaté. Elle n'en pouvait plus de toutes ces années à se retenir à chaque fois qu'on la regardait de travers avec ces messes basses « elle n'est pas de chez nous, celle-là », chaque fois que la maîtresse disait à ses enfants « toi la ritale, assois-toi près de la polak ».

Forte de ce français que maintenant elle comprenait mieux et auquel elle pouvait répondre, avec quand même beaucoup de mots en romagnole glissés entre deux phrases, elle a rappelé à « ceux-là » qui se disaient instruits et de la « haute », que ces jeunes gens venaient du nord de l'Afrique pour défendre notre vie, et la leur, et notre liberté. Cette liberté qu'elle et tous ses frères italiens étaient venus chercher ici, en France, il y a quelques années. Qu'eux, s'ils avaient bien vécu jusque-là, c'était aussi grâce au travail pénible dans la mine et à l'usine de tous ces étrangers. Que sans eux, elles et tous les autres n'auraient pas de travail, ici, dans ce petit village. Et que maintenant tout le monde était dans la même galère, enfin dans le même wagon. « Ouf ! que ça fait du bien de les remettre tous à leur place au moins une fois, ces stronzi (connards) » avait-elle conclu sous les applaudissements des Italiens, des Polonais et même de beaucoup de Français. Car Dieu merci, ils n'étaient pas tous comme ces gens-là.

Ah ! Il ne fallait pas la brancher, la Nonna, sur les questions de différence. Elle en avait assez souffert chez elle, avec son père. Pour elle, une femme, un homme, un enfant doit être respecté pour ce qu'il est, pour ce qu'il apporte, pour ce qu'il donne, quelle que soit sa position, son origine, sa couleur et sa race.

***

— Ces braves soldats avaient tout organisé. De notre rassemblement à la gare d'Hussigny jusqu'à notre embarquement dans des wagons à bestiaux. Et, à part cette petite scène et une petite bousculade, tout s'était bien passé. On était serré, bien sûr, mais tout le monde avait réussi à s'asseoir par terre. Il faut dire qu'il y avait beaucoup d'enfants dans notre wagon.

Le voyage n'en finissait pas. Le train s'arrêtait souvent, n'importe où et longtemps. Mais quand il s'arrêtait dans une gare, des personnes de la croix rouge nous apportaient de la nourriture et de l'eau. On ne savait pas exactement où on allait. On nous avait dit « c'est à l'autre bout de la France, au bord de la mer ». À l'école, on nous avait bien montré sur une carte, mais une carte, ça ne dit pas tout. Je n'arrêtais pas de me demander « quand va-t-on arriver, comment les gens vont nous accueillir là-bas… À quoi ressemble une vie de réfugié ? » Nous, on n'avait connu que notre village minier avec sa terre couleur brun-jaune et ses cités. Même si on avait déménagé de la côte rouge à la cité Michel, cela ne faisait pas un grand voyage. Les gens étaient toujours les mêmes, la nouvelle église et l'école étaient toujours au même endroit. Là, on prenait le train pour la première fois vers un *pays* qu'on ne connaissait pas. « Est-ce que là-bas ils parlent comme nous, est-ce qu'ils aiment les étrangers… Et c'est comment la mer ? »

On a voyagé deux jours et deux nuits. Le train s'arrêtait souvent et on a même dû en changer souvent. La météo n'était pas avec nous. Il pleuvait et un violent orage avait éclaté la deuxième nuit. À chaque éclair, les petits pleuraient. À un moment, le train s'est arrêté et j'ai pu lire par la petite ouverture entre les deux portes coulissantes « Poitiers ». Mais ça ne m'en disait pas plus. Au petit jour, on a été réveillé par un grand soleil. Tout le monde s'est levé pour regarder par les petites fenêtres situées en haut des parois du wagon. Ça faisait du bien de voir le jour et un ciel bleu comme nous ne l'avions jamais vu. Chacun essayait en même temps de remettre un peu d'ordre à sa tenue. *On a beau être réfugié, on n'en demeure pas moins fier de sa personne* disait ma mère. C'était une sainte, ma mère.

Et aujourd'hui, je me demande encore comment, à quarante-quatre ans, elle a réussi à gérer tout cela, seule avec huit enfants. La tata

Sabine, la tata Marie, moi, la tata Antoinette, la tata Valentine, le coco, la tata Thérèse qui n'avait que quatre ans et, sur les bras, l'Henri.

***

La Fernande, l'aînée, s'était mariée quelques mois auparavant. Elle avait rencontré le Paul à Toul, lors d'un voyage de la famille de Wendel, propriétaire de nombreuses usines en Lorraine et chez qui elle était jeune fille au pair.

Engagé dans la marine dès son plus jeune âge, le Paul avait fait plusieurs fois le tour du monde. Est-ce l'uniforme ou le charme du grand et beau garçon qui se trouvait à l'intérieur qui l'avait séduit ? Est-ce la douceur de sa voix enrouée ou son regard mystérieux ? Peu importe. Ils ont tout de suite été attirés l'un vers l'autre. Ils venaient pourtant de deux mondes différents, de deux cultures différentes. Elle, très catholique, lui, un peu. Elle était l'aînée d'une famille nombreuse d'ouvriers immigrés italiens. Lui, fils unique d'une vieille famille lorraine. C'était une toute petite bonne femme vive et impatiente, lui, un très grand gaillard calme et réfléchi. Ils se sont mariés, avec l'autorisation des parents bien sûr. Ma mère et mon père étaient mal placés pour refuser. Et ils ont eu huit enfants, fruits de leur amour et de leurs différences. Comme quoi, vous voyez les enfants, la vie réserve bien des surprises.

Oui, c'était une sainte, ma mère.

***

Bref. En début d'après-midi, on est arrivé à la gare de Bordeaux. Et là, on avait très chaud. On avait aussi très soif et très faim.

Même si les adultes voulaient se montrer rassurés dans ce *pays* encore en paix, ils avaient peur. Peur que la guerre ne les rattrape ici, peur de cet allemand froid et imprévisible. Et pour les plus vieux, peur de revivre ce qu'ils ont déjà vécu et fui dans le passé. Peur pour leurs maris et grands garçons qui sont restés là-haut, à la mine ou à l'usine.

Que vont-ils faire si les Allemands arrivent ? Que vont devenir leurs maisons là-bas à la frontière ? Quand vont-ils pouvoir les retrouver et dans quel état ? À toutes ces questions, ils n'avaient pas de réponse.

« On ne sait pas. Pour l'instant, il faut vous faire enregistrer au comptoir n° 11 » leur avait répondu d'une voix douce et compatissante une personne de la croix rouge en leur remettant un petit sac avec de la nourriture à l'intérieur.

Ma mère nous a alors confiés à la Sabine et pris la longue file. Nous l'avons attendue assis par terre dans un coin de la gare, au milieu d'autres enfants. La journée ne passait pas vite. Le coco, la Thérèse et la Valentine n'arrêtaient pas de se chamailler pendant que la Sabine essayait de calmer l'Henri qui pleurait, affolé par la foule qui fourmillait dans tous les sens. On essayait, Marie, Antoinette et moi de se conduire comme des adultes.

Mais ce n'est pas facile quand on est brutalement tout juste sorti de l'enfance.

Mon Dieu qu'elle a été longue cette journée. En fin d'après-midi, nous étions enregistrés comme « réfugiés » sur les registres officiels de la ville de Bordeaux. Après une nouvelle nuit passée à dormir à même le sol, on nous a demandé de sortir de la gare. Sur le parvis, il y avait plusieurs vieux bus et des camionnettes. À côté de l'une d'elles, une femme d'une quarantaine d'années, vêtue d'une chemise à carreaux et d'un large pantalon, montrait une ardoise sur laquelle était écrit notre nom à la craie. On était surpris qu'on nous accueille ainsi. Et plus surpris encore lorsqu'on a vu, après être montés dans le véhicule, que c'était elle qui allait conduire. J'ai alors pensé à mon père. En bon vieil italien macho, il aurait soupiré : *Ecco ! À la guerre comme à la guerre.*

Elle nous a emmenés jusqu'à un village appelé Lesparre, village qu'elle a traversé à vive allure avant de s'arrêter quelques kilomètres après la sortie du bourg, au milieu des vignes, là où les grappes avaient déjà pris une belle couleur mauve.

***

— Voilà ! C'est ici que vous allez travailler pendant toute la période où on vous hébergera vous et votre petite famille. Nous a-t-elle dit avec un drôle d'accent. Il commence à être beau ce raisin. Mais maintenant, il faut lui donner de l'air et du soleil. Et, comme vous le voyez, il y a pas mal de travail pour enlever toutes ces feuilles qui entourent les grappes. Bienvenue en Gironde, bienvenue chez moi. Enfin, bienvenue sur le domaine de mon père. Avec tout ce qui se passe et tous ces jeunes qui sont partis, il a dû, malgré son âge, il a presque 70 ans, reprendre les commandes de l'exploitation. Aujourd'hui, il est à Bordeaux pour régler toutes les questions administratives. Même si ce n'est pas facile en ce moment pour nous aussi, c'est un devoir de venir en aide à ceux qui en ont besoin et c'est avec plaisir qu'on va vous héberger le temps qu'il faudra. En contrepartie, bien sûr, on vous demandera de nous aider à l'entretien de la vigne et de la maison.

— *Certo*. Moi je m'appelle Catherine et voici mes enfants, Sabine, Marie, Eva, Antoinette, Valentine, Thérèse et mes deux garçons, Antoine et Henri, le dernier. A répondu ma mère avec son fort accent romagnol.

— Pardon, je ne me suis pas présentée. Je m'appelle Cécile. S'excusa notre hôtesse qui, pressée de nous accueillir chez elle, avait oublié de donner son nom.

C'est comme ça qu'a commencé notre vie de réfugiés dans cette belle région de Gironde.

***

Cécile nous a appris plus tard que son mari, François, était mort depuis deux ans à la suite d'un mauvais coup de pied de cheval qu'il avait reçu chez le Maréchal-Ferrant de Lesparre.

— Combien de fois lui avait-on répété de ne pas rester dans la forge pendant que Jeannot déferrait l'animal. Mais il était buté comme un âne. Il ne faisait confiance à personne et voulait tout voir. Les enfants, on ne doit jamais rester derrière un cheval. On ne sait jamais. Avait-elle ajouté.

Un malheur n'arrivant jamais seul, ses fils étaient partis au front en septembre 39. Ils avaient été enrôlés dans le 47e d'infanterie. C'est à cette adresse qu'elle leur écrivait. Aux dernières nouvelles, ils seraient là-bas, pas loin de la frontière luxembourgeoise, dans un village nommé Villers-la-Montagne.

Quand on lui a dit que ce n'était qu'à quelques kilomètres de chez nous, elle a d'abord été très inquiète, car cela voulait dire qu'ils étaient déjà en danger. Mais très vite, elle nous a demandé de lui décrire comment c'était là-bas, les prairies, les forêts, les maisons. Comme ça, elle pouvait mieux imaginer l'endroit où ils se trouvaient, même si elle avait du mal à se représenter ce à quoi pouvaient ressembler des hauts fourneaux.

Son père, Jacques, était un riche négociant. Mais pas un de ces riches qui regarde les autres de haut. Non, il était gentil et nous traitait comme des membres de sa famille. Ce qui n'était pas toujours le cas ailleurs, dans la bourgade. Certains habitants avaient du mal à accepter toute cette population qui arrivait de la frontière et ils n'hésitaient pas à les appeler *les Boches de l'Est*.

Nous, on était bien. Même si on devait, nous les grandes, travailler aussi dans les vignes plantées entre Lesparre et Montalivet. La Nonna s'occupait de tous les repas pour le plus grand régal de tous, vous vous en doutez bien.

Le raisin était arrivé à maturation, comme ils disent là-bas. Le père de Cécile avait fait jouer ses relations pour avoir une petite équipe supplémentaire. Car il y avait beaucoup de travail. Il fallait se lever très tôt, sélectionner les bonnes grappes, les cueillir et les déposer dans notre panier qu'un homme venait régulièrement vider dans sa hotte pour le porter jusqu'à la charrette. Et il ne fallait pas traîner. On était mi-septembre et il faisait encore très chaud. À la fin de la journée, on était complètement courbatues et on n'avait pas besoin de berceuse pour dormir. Finalement, on avait hâte d'être à la fin du mois et que les vacances se terminent.

Ce qu'on ne savait pas, c'est qu'à la rentrée il fallait encore, à la sortie de l'école, aider à la vigne tant qu'il y avait des grappes.

Un dimanche, on a tous pris le bus, un beau bus rouge et crème, et on est allé à Soulac. C'était la première fois qu'on voyait la mer. Il y avait de grosses vagues et on a juste trempé les pieds. Cécile nous avait dit d'être très prudentes, car l'océan était parfois dangereux.

À la fin des vendanges, le père de Cécile a organisé une petite fête pour remercier tous ceux qui avaient participé à la récolte du raisin. Il y a invité des personnes avec qui il travaillait souvent. Cécile et la Nonna ont préparé un superbe banquet. Malgré les restrictions, il ne manquait ni de nourriture ni de vin. Tout le monde était joyeux. Avec le temps et le travail, on avait presque oublié pourquoi on était ici, loin de notre maison. On avait presque oublié qu'on était en guerre.

Il y avait eu un assez beau temps pour ces vendanges, mais avec toutes ces perturbations, personne ne savait si cette cuvée de 1939 allait faire un bon vin. Peu importe « L'avenir le dira. Demain, il fera jour. Ce soir, c'est la fête », avait dit Jacques.

Puis il y a eu le bal…

***

— Ah ! le fameux bal ! dit Marie-Antoinette…

— Ah bon ? Il se serait donc passé quelque chose ce soir-là ? Plaisante Marinette.

— Chut, Marie-José ne sait pas encore, répond Marie-Odile.

Le gamin, perdu dans ce monde de souvenirs, à la frontière de l'imaginaire, ne dit rien et attend la suite de l'histoire… qu'il connaît par cœur.

***

Après le repas, un homme a pris son accordéon et a joué des valses, des paso doble, des tangos. Aux premières notes, la Nonna a eu un pincement au cœur. Elle a pensé à son Felice et à ce jour de Sainte Agathe, sur la place de Chiesanuova. Lorsque leurs regards s'étaient croisés… et qu'il en avait oublié sa musique.

En la voyant rêver avec un grand sourire, Cécile lui a demandé ce qu'il lui arrivait.

Alors ma mère lui a raconté l'histoire. Sa rencontre avec son Felice, les moments de tendresse qu'ils ont connus en secret, la colère de son père, leur fuite en Toscane puis le départ pour la Lorraine, la perte de ses deux enfants, la dure vie des travailleurs étrangers et la difficulté d'être accepté. Et au moment où ils se sentaient presque intégrés, où ils avaient enfin pu avoir un petit logement dans la cité Michel, cette « puttana » de guerre…

— C'est une bien belle histoire lui a confié, très émue, Cécile. Mais maintenant, il faut s'amuser, a-t-elle ajouté en l'emmenant vers la piste de danse.

Tout le monde avait bien mangé et surtout bien bu. La tata Marie et moi on essayait de danser comme les grands. Il fallait bien apprendre, si nous aussi on voulait faire la fête plus tard. Mais, tout en pensant à son Felice et à son bandonéon, la Nonna surveillait de loin la Sabine qui discutait avec un groupe de jeunes. Ma sœur n'avait que 16 ans, mais c'était déjà une belle jeune fille brune et élancée. Et je peux vous dire qu'elle ne laissait pas indifférents les jeunes garçons. Surtout ce beau jeune homme de type espagnol, au regard noir et profond qui la regardait avec un sourire angélique.

Inquiète, elle avait demandé à Cécile qui c'était ce « Chpagnolo » qui tournait autour de sa fille avec ce sourire niais et ses yeux de merlan frit.

— C'est Jeannot, notre jeune maréchal-ferrant. Si mon François l'avait écouté, il serait là avec nous ce soir, avait-elle dit la gorge serrée. C'est un brave garçon, travailleur et courageux et qui prend bien soin de sa maman. Et je crois qu'il est en train de tomber amoureux de ta Sabine, avait-elle ajouté.

Là, ma mère n'a fait, ni une, ni deux. Elle s'est dirigée vers ma sœur et lui a fait signe avec un regard noir qui voulait dire « rentre à la maison ». Sabine a tout de suite compris. Mais elle a quand même pris le temps de glisser discrètement un petit clin d'œil à ce bel *hidalgo*.

C'était une belle fête. Ça faisait longtemps qu'on ne s'était pas amusées comme ça Marie et moi. Ni d'ailleurs les autres enfants du village, qui nous avaient finalement bien adoptés.

Ensuite, c'était le train-train. École, champs, école, champs. Pas beaucoup de temps pour s'amuser.

Le temps… Tout le monde se languissait. C'était une drôle de guerre. Il ne se passait pas grand-chose là-bas à la frontière. Ma mère avait hâte de rentrer à la maison.

***

À Noël, les enfants de Cécile étaient venus en permission. Ils nous ont alors raconté un peu leur vie de soldat. Eux aussi passaient leur temps à attendre… les ordres.

L'hiver avait été un peu frais, mais pas froid comme à Hussigny. Et surtout à la place de la pluie, de la neige et du brouillard, on avait du soleil presque tout le temps. Comme ça, on pouvait toujours profiter du dehors et de la campagne. Et il y en a une qui en a bien profité.

***

Un jour, après ce fameux bal, la tata Sabine a accompagné Cécile à Lesparre pour faire des courses. Chez le boucher, elle a retrouvé par hasard ce beau brun au regard sombre et au sourire si enchanteur. Jeannot lui a alors glissé, en douce, un papier sur lequel il avait griffonné un lieu de rendez-vous. C'est du moins ce qu'elle nous a dit à l'époque. La Sabine a toujours été très réservée et un peu solitaire. On a su plus tard qu'après cette rencontre il y avait eu beaucoup d'autres… rencontres.

Au printemps, les choses se sont un peu précipitées. Un jour, Jacques, le père de Cécile est arrivé en brandissant le journal. « Les Allemands ont envahi la Hollande, la Belgique et le Luxembourg. »

Ma mère s'est mise à pleurer. Dans sa tête, elle imaginait le pire. Elle voyait son Félix mort sous une bombe ou, pire encore, prisonnier de ces sauvages. Mais dans le journal, ils disaient aussi que les mineurs et les ouvriers d'usine avaient reçu un ordre d'évacuation. On n'allait donc, comme l'affirmait Cécile, pas tarder à recevoir encore un nouveau convoi de réfugiés parmi lesquels il y aurait certainement mon père et ses compagnons.

***

Eh oui ! Comme il ne se passait pas grand-chose, même à Hussigny, on avait presque oublié la guerre. Il y avait bien la présence des spahis, dans la forêt de Selomon et du côté de la côte rouge, et de temps en temps quelques avions allemands dans le ciel, mais rien ne bougeait.

Jusqu'au 10 mai 1940 où, à la surprise générale, les Allemands ont violé la neutralité du Luxembourg. Ce jour-là, il y a eu une certaine agitation dans le village. Personne ne savait trop ce qui se passait, il n'y avait pas encore tous ces téléphones ni la télé à l'époque. Mais les rumeurs allaient bon train. Il se disait que les Boches étaient déjà à Dudelange.

Il fallait évacuer. Laisser les installations vides. Les ouvriers et les mineurs ainsi que quelques familles qui n'étaient pas parties en septembre avaient alors pris à la hâte quelques affaires pour se réfugier eux aussi vers la Gironde. Il ne faisait pas très chaud et il pleuvait. Il faut dire qu'en Lorraine l'hiver avait été long et froid. Il avait même neigé en avril. Mais cela n'avait pas d'importance. Ils devaient partir, tout quitter. Et cela les peinait plus que ce maudit temps.

Alors qu'en début d'après-midi ils se dirigeaient tous vers la gare, mon père a soudain fait demi-tour et a couru en direction de sa maison en criant « mes lapins, mes lapins ». Il avait oublié d'ouvrir la cage de ses chers lapins. Il ne voulait pas les laisser à la merci de l'envahisseur et devait leur laisser une chance de fuir loin. Même s'il savait, au fonds de lui-même, que pour eux aussi leur liberté ne serait que de très courte durée.

Porca miseria, porca miseria, ne cessait de répéter le père César, lui aussi immigré italien qui avait réussi, comme ses congénères, à se poser dans cette rude région, à se construire une nouvelle vie et fonder une famille. Comme les autres, il n'arrivait pas à accepter ce qui se passait. Il devait tout quitter à cause de la folie des hommes, d'un homme. Et ce vendredi-là, il est monté, à contrecœur comme tous les autres, dans ce wagon à bestiaux. Dégoûté, mais finalement heureux de pouvoir retrouver au bout de cet exode sa femme et ses enfants.

Le voyage avait été beaucoup plus long pour eux. Leur train n'était pas prioritaire et devait s'arrêter souvent pour laisser passer les convois spéciaux. C'est ainsi qu'ils apprirent, alors qu'ils étaient bloqués à Longuyon, qu'après leur départ, la Grande-Duchesse du Luxembourg avait franchi elle aussi la frontière à Hussigny, ou à La

Sauvage, personne ne savait exactement, dans un convoi de sept ou huit voitures pour se réfugier en France, loin des hostilités.

C'était le week-end de la Pentecôte et la Nonna avait préparé les pâtes traditionnelles, car Jacques avait invité son frère, sa belle-sœur et quelques amis pour cette fête.

***

Le mercredi suivant, je suis partie avec Cécile à la gare de Bordeaux. Son oncle avait appris qu'un train de réfugiés lorrains était arrivé tôt le matin. Il avait aussitôt téléphoné à son frère Jacques. Je ne sais toujours pas pourquoi, mais tout le monde était sûr que notre père devait s'y trouver. Quand on est arrivé, il y avait tellement de bazars dans la ville qu'elle a dû garer sa camionnette dans une rue beaucoup plus loin. Même à pied on avait du mal à circuler tant il y avait du monde. Des voitures, des attelages, des vélos, des hommes et des femmes qui ne savaient pas trop où aller. Il y en avait même qui dormaient sur les trottoirs. On a eu du mal à s'approcher de l'entrée de la gare. Là, j'ai compris qu'on avait eu de la chance d'avoir été recueillis par Cécile et son père.

Pendant que Cécile m'attendait à l'extérieur, je me suis faufilée dans le hall. J'ai alors entendu une voix qui ne m'était pas inconnue. Celle du père César, qui comme d'habitude n'arrêtait pas de pester en italien. Je me suis dit alors que le mien ne devait pas être très loin. Quand il m'a vu, mon père m'a tout de suite reconnue, mais il devait encore se faire enregistrer. Par un signe, je lui ai fait comprendre qu'on l'attendait dehors. On a attendu longtemps et enfin il nous a rejoints, avec un grand sourire de soulagement. Il était tellement heureux d'être arrivé qu'il n'a pas arrêté de parler pendant tout le trajet, jusqu'à la voiture. Mais quand il a vu Cécile prendre le volant de la camionnette, il s'est arrêté et a soupiré… « Ècco ! À la guerre comme à la guerre ». Je le connaissais bien, mon père.

Arrivé à l'exploitation, ma mère lui a servi une grosse assiette de pâtes. Les mêmes qu'elle avait préparées pour le repas de Pentecôte. Elle savait que pendant ces huit derniers mois il n'avait pas dû manger grand-chose. Du moins de bonnes choses.

Moi je pensais à mon anniversaire, qui approchait. J'allais avoir 13 ans. Je devenais une belle jeune fille. Mais dans cette période de fous, on avait d'autres soucis. Finalement, mon plus beau cadeau c'était quand même d'être tous réunis.

De toute façon, déjà en temps normal, nos anniversaires, c'était vite réglé. Un « bon anniversaire », une bise, un biscuit s'il en restait dans la boîte des biscuits faits par ma mère, et *va' via*, direction l'école.

***

Passées les joies des retrouvailles, et fort de son expérience en Toscane, mon père s'est tout de suite mis au travail. La vigne demandait encore beaucoup d'entretien. Il fallait désherber, effeuiller pour aérer les grappes et, à cause des risques de mildiou, préparer et répandre avec précaution la bouillie bordelaise avec le pulvérisateur en cuivre Vermorel, et tout et tout… Bref, il y avait encore beaucoup de travail, et pour tout le monde. Croyez bien qu'on ne nous oubliait jamais à notre sortie de l'école.

Heureusement, d'autres réfugiés avaient été recueillis par Cécile. C'est comme ça qu'on a retrouvé ma copine Alice et sa famille qui avait quitté Hussigny, par la route, deux jours après mon père. Ils nous ont alors appris qu'il y avait eu ce 10 mai et les jours suivants, de violents combats dans les bois de Selomont et de Differdange. Combats au cours desquels il y avait eu beaucoup de tués et de blessés chez les spahis. Qu'il y avait eu un massacre au niveau de ces magnifiques chevaux. Que l'hôpital d'Hussigny était débordé. Que même la mairie avait été bombardée.

***

Au retour d'une visite à son frère, Jacques nous a raconté qu'à Bordeaux ça ne s'arrangeait pas. Qu'il y avait de plus en plus de monde dans les rues et dans les parcs. Beaucoup d'étrangers qui avaient fui la Belgique et le Luxembourg. Que depuis mi-juin le président de la République et tout son gouvernement avaient quitté Paris et s'étaient installés en centre-ville. Que selon lui et ses amis, rien de bon ne se tramait au niveau de la ville.

Puis la nouvelle est tombée. Alors qu'on était en train de manger, le père de Cécile a monté le son du poste de radio. Le 17 juin, le maréchal Petain a parlé à la TSF. Sur le coup, nous, on n'a pas tout compris. Les anciens disaient que c'était grâce à lui que la France avait gagné la guerre en 1914. Cécile nous a alors expliqué que le chef du gouvernement avait démissionné et que ce Maréchal avait été nommé pour le remplacer. Qu'il allait demander un arrangement avec les Allemands. Que la guerre serait bientôt finie.

Mais son père, Jacques, ne partageait pas tout à fait son enthousiasme. Selon lui, certaines personnes pressenties dans le nouveau gouvernement n'inspiraient que de la méfiance.

Le lendemain soir, très tard, alors qu'on était déjà couchées, on a entendu à nouveau le poste radio grésiller et un homme qui parlait. Jacques a expliqué à mon père qu'un général demandait, depuis une radio de Londres, de ne pas accepter l'arrêt de la guerre et de résister. Il parlait du général de Gaulle, bien sûr. Il a même ajouté que ce mec avait raison. Que, pour lui qui avait vécu la Grande Guerre, on ne devait pas abdiquer si facilement. Et que, selon les rumeurs, le pire allait arriver maintenant.

Même si elle partageait l'avis de son père, Cécile était heureuse. Pour elle, si la guerre était finie, ses fils allaient rentrer à la maison. Mais les paroles de ce général l'avaient tout de même inquiétée. Surtout après les bombardements de la nuit du 19 au 20 juin.

***

À la fin du mois, les Allemands se sont installés dans les grands hôtels de Bordeaux et ont commencé à imposer leur loi. Le gouvernement français a quitté la ville pour Vichy. C'était clair, toute la France était occupée. Quand ils ont demandé aux habitants de déposer leurs fusils de chasse à la mairie, ce fut pour Jacques comme pour beaucoup de ses amis du médoc, la goutte d'eau qui a fait déborder le vase. Les soirées étaient alors très animées et les fusils bien cachés.

Et un soir après le repas, mon père a dit « maintenant que tout le pays est occupé, autant qu'on remonte chez nous ».

***

Un jour de début juillet, alors qu'on était tous occupé dans la vigne à supprimer les mauvaises herbes, les gourmands comme ils les appellent là-bas, et à lier les rameaux, Cécile arriva en pleurant, une lettre à la main. Depuis ces fameux discours, elle ne vivait que dans l'attente du retour de ses enfants. Elle pensait que vu la pagaille qu'il y avait un peu partout, il était normal qu'ils ne soient pas encore là.

Mais ce matin-là, elle avait eu la visite de Pierre, un ami de régiment de ses fils. Sur le coup, elle avait cru qu'il était arrivé un malheur. Mais le jeune homme l'avait rassurée, lui avait affirmé que ses enfants étaient vivants et en bonne santé, qu'il en avait eu des nouvelles la veille au soir.

Maman, nous ne pouvons pas accepter de subir l'occupation allemande. Papa ne l'aurait pas compris. Nous avons décidé de rejoindre le Général. Lorsque tu recevras cette lettre, nous serons déjà en Angleterre. Prends bien soin de toi.

Les jumeaux, Jean et André

Pierre lui conseilla de détruire cette lettre et lui avoua plus tard que lui aussi résistait, à sa façon…

Elle a alors repensé à son François qui avait été si fier de défiler sur les champs Élysée le 14 juillet 1919, juste après leurs fiançailles. Et, malgré ses angoisses et son chagrin, elle a compris la décision de ses fils.

Tous les soirs, elle a écouté avec son père la TSF en espérant avoir un message de ses enfants. Sans nouvelles, à chaque fois déçue, son inquiétude grandissait. Elle essayait de ne rien laisser paraître, mais lorsqu'on voyait ma mère la prendre dans ses bras, on devinait que sa peine était profonde. C'était bien triste dans la maison et dans la région.

Quelques jours plus tard, le frère de Jacques est arrivé en brandissant un journal. Les Anglais avaient attaqué la flotte française à Mers-el-kebir, en Algérie. Le monde était devenu fou. On ne comprenait plus rien et on était sûr maintenant que la guerre ne faisait que commencer.

Alors Jacques et ses amis ont décidé d'organiser une fête le 2e dimanche de juillet. Le hasard a voulu que ce fût le 14.

***

En cette triste période, tout le monde avait besoin de se défouler, de se lâcher, d'oublier la guerre, les bombes et tout le reste. Cela faisait longtemps que je n'avais pas vu ma mère et mon père chanter, rire et danser comme cela. C'était un excellent danseur mon père. On disait qu'il savait valser sur une table d'un mètre de côté, sans tomber. Bref, ils étaient heureux. Il faut dire que le vin de bordeaux y était aussi pour quelque chose.

Faute de jeunes, ils étaient presque tous partis, il n'y avait à cette fête pratiquement que les plus âgés et les enfants. Ma sœur Marie et moi dansions ensemble tandis que Sabine et Jeannot profitaient de cette ambiance pour mieux faire connaissance, si vous voyez ce que je veux dire. S'ils se rappelaient encore ce qui s'était passé lors de la dernière fête, ils savaient aussi que ce soir-là serait certainement le dernier.

***

Les vacances se terminaient et les premières grappes arrivaient déjà presque à maturation. Mes parents étaient soucieux. Ils ne parlaient plus de départ. Alors un soir après le repas, Cécile a demandé à ma mère ce qui pouvait bien les préoccuper. C'est alors qu'on a appris qu'on allait avoir un nouveau petit frère ou une nouvelle petite sœur. Il n'était donc plus question de partir.

« Faire un voyage dans cet état et en cette période, c'est trop dangereux », a dit Jacques. « Vous resterez ici au moins jusqu'à la naissance de l'enfant. Un point c'est tout », a-t-il décidé en tapant sur la table.

« Bene » a répondu mon père en soupirant pour la forme, mais avec un petit regard malicieux vers ma mère. « Grazie, merci », lui a dit ma mère. Un instant, elle avait eu peur qu'il refuse. Car même si elle l'aimait, son Felice, elle le craignait aussi. Elle savait qu'il pouvait par moment être très en colère. Chez nous, comme dans toutes les familles à cette époque, la vie n'était pas toujours un long fleuve tranquille. Même si cet enfant ils l'avaient fait à deux, le soir de la grande fête, elle en portait seule la culpabilité. Quand elle s'est aperçue qu'elle attendait un bébé, elle ne savait pas comment lui annoncer. Ils en avaient déjà huit et en plus ce n'était pas le moment. Un matin, elle le lui en a parlé et depuis il n'avait pas prononcé un mot sur cette situation. Ce soir-là, il acceptait et partageait « l'accident » comme ils disaient. Du coup, on ne pouvait plus partir avant au moins le mois d'avril 1941. Et tout le monde était content. Jacque et Cécile, qui nous aimaient beaucoup et qui voyaient aussi en nous, et pour quelque temps, des bras pour l'exploitation, nous, car maintenant nous étions bien intégrés ici, on ne nous traitait plus de boches de l'est ou de ritals, mes parents qui pouvaient tranquillement préparer la naissance du bébé et en même temps notre départ, sans être stressés. Et... notre grande sœur pour les raisons que vous savez.

***

Cette année-là, on est rentré à l'école en avance. Le 2 septembre au lieu de début octobre. Je m'en souviens comme si c'était hier. Parce que ce jour-là, un maître avait remplacé notre maîtresse. Personne ne le connaissait. Et après avoir demandé à chacun et chacune notre nom, il nous a lu une longue lettre du Maréchal. Et ça, ce n'était pas habituel. Les autres jours, il n'a pas arrêté de nous raconter l'histoire de la France. Ça nous changeait, mais en fait ce qui nous préoccupait, c'était plus ce qui se passait aujourd'hui que le passé.

Pour Noël, il nous a même demandé de faire des dessins pour faire une surprise au Maréchal. Après il y a eu la vente des portraits du Maréchal. Et ensuite, on nous a obligés à chanter « Maréchal, nous voilà » avant de commencer la classe.

Le père de Cécile ne supportait plus toute cette importance qui était donnée au Maréchal. « C'est vrai qu'en 18 il a été à la hauteur. Mais là, il exagère. Et ce n'est pas le don de sa personne qui nous débarrassera des Allemands. Ce n'est pas bon tout ça », disait-il. Et il n'avait pas tout à fait tort.

***

Après les vendanges, il n'y a pas eu de fête. Puis Noël est passé, triste et froid. Cécile n'avait eu aucune nouvelle de ses fils depuis la fameuse lettre.

Quelques jours plus tard, alors qu'on terminait le maigre repas, la radio a craché, comme tous les soirs « ici Londres, vous allez entendre des informations en français. Veuillez écouter tout d'abord quelques messages personnels… la villa est silencieuse… le manchot la serre dans ses bras… les jumeaux se régalent, je répète, les jumeaux se régalent… le chien du jardinier pleure »…

— Stop, il a dit, les jumeaux se régalent, a crié Cécile. Ils sont toujours vivants.

Cela fait des semaines qu'elle attendait ce signe de leur part. D'un coup, son visage s'est illuminé. Des larmes de joie ont coulé sur ses joues. Son père l'a serrée dans ses bras. Elle s'est sentie libérée, délivrée d'une angoisse qu'elle gardait en elle depuis le début de la guerre.

Alors elle s'est mise à parler, parler, parler de son passé, de son François, de ses enfants. Elle n'avait jamais été aussi bavarde. On s'entait qu'elle voulait partager son bonheur, sa vie, son histoire, avec tous ceux qui l'avaient entourée depuis le départ pour Londres de ses fils.

***

Avant la guerre, la Grande Guerre, François travaillait depuis l'âge de 14 ans pour le père de Cécile. En 1916, il avait été appelé pour *servir la France* comme tous les garçons de son âge. Ce jour-là, ils étaient 18 à partir pour le front.

À l'été 1917, lui et 11 autres soldats de la région avaient eu une permission. Pour cet évènement, le maire avait organisé une petite fête sur la place du village. Tout le monde ou presque était heureux de retrouver ces enfants du pays, vivants. Ils avaient entendu tellement de choses sur cette horrible bataille qui avait fait rage en avril là-haut dans l'Est, qu'ils avaient imaginé le pire.

Ce soir-là donc, c'était l'euphorie. La chaleur de juillet, la joie des retrouvailles, l'insouciance de leurs vingt ans, et aussi le vin, avaient eu raison de leur timidité et les avaient rapprochés.

Et en rougissant, elle avait ajouté : « même bien rapprocher… »

La guerre les avait séparés et pendant plus d'un an, seules les rares lettres qu'ils échangeaient leur redonnaient à l'un et à l'autre l'espoir de revivre très vite ce moment magique.

Cécile n'avait rien caché à son père. Sur le coup, Jacques fut un peu surpris, car il avait, lui, plutôt des vues sur le fils de son ami propriétaire du vignoble voisin. Mais très vite, il a accepté le choix de sa fille. Au diable les intérêts, seul le bonheur de l'enfant comptait depuis la mort de sa femme pendant l'hiver de 1914.

La victoire de 1918 les avait réunis. Pour l'occasion, une fête, encore une, avait été organisée sur l'exploitation. Et c'est au cours de celle-ci que le père de Cécile avait officiellement annoncé les fiançailles de sa fille avec François, son fidèle employé.

À l'automne 1919 avait eu lieu le mariage. Un beau et grand mariage auquel étaient invités tous les grands propriétaires du coin et tous ceux qui travaillaient pour Jacques, qu'ils fussent *petits* ou *grands*.

Puis il y avait eu la naissance des jumeaux, Jean et André. Leur enfance, leur adolescence, un peu plus difficiles pour Jean, car il était plus timide que son frère, la mort brutale de François.

Ensuite est arrivée cette maudite guerre. Celle qui a entraîné ses enfants loin d'elle. Qui lui a fait prendre conscience que le temps passe trop vite. Que ses fils étaient devenus des hommes sans qu'elle les ait vus grandir.

Et aussi qu'ils étaient aussi butés et courageux que leur père. C'est pour cela qu'elle leur pardonnait d'être partis là-bas de l'autre côté de la mer. C'est pour cela qu'elle les aimait et qu'elle se faisait tant de soucis pour eux.

***

— C'est aussi une belle histoire, l'histoire de Cécile, maman ?

— Oui gamin. Et je suis sûr que ses fils la racontent, comme moi, aussi inlassablement à leurs enfants et petits-enfants.

Chapitre IV
EHPAD
Début mai 2021

Ce jour-là, ils l'ont descendue en avance. Elles ont beaucoup de travail et l'ont laissée seule, dans un coin près de la fenêtre, toujours dans cette maudite chaise de transfert. Petit à petit, son maigre corps a glissé. Pour ne pas tomber, elle s'est cramponnée aux accoudoirs et a attendu, attendu, longtemps. Elle avait beau appeler de sa faible voix, mais personne ne passait par là. Alors elle a serré ses doigts déformés sur les barres métalliques et a fermé les yeux. Plus les semaines passaient, moins elle avait de force pour parler, moins elle avait de force pour lutter.

C'est complètement affaissée dans ce fauteuil que sa fille l'a trouvée lorsqu'elle est arrivée. Elle l'a alors redressée, ce qui n'était pas trop dur, car elle ne pesait pas lourd, et a attaché la large ceinture qui normalement devait la maintenir assise.

— Elle n'avait pas beaucoup de temps alors elle a dû oublier de m'attacher, dit-elle dans un murmure pour excuser la faute de la jeune fille qui l'avait descendue une heure plus tôt.

— Tu leur trouves toujours des excuses. Mais tu sais, à défaut de temps, ou de conscience professionnelle, un peu d'attention peut quelquefois suffire. Si elle s'était approchée et t'avait simplement demandé si tu étais bien, elle aurait constaté qu'elle avait oublié la ceinture. Ça ne prend que quelques secondes. Comment vas-tu aujourd'hui ?

— Ça va. Tu sais, à mon âge, on apprend à être patient. On n'attend qu'une seule chose…

— Ne dis pas de bêtises. Je t'ai apporté un paquet de biscuit. En arrivant, j'ai vu une responsable. Elle m'a dit que tu allais bien et que tu te plaisais ici…

— Allez, on va dire ça comme ça… As-tu des nouvelles de ton frère et de tes sœurs ? Avec ce problème de téléphone, personne n'arrive pas à me joindre…

— Oui. Tout va bien chez eux…

— Bientôt, c'est ton anniversaire. J'espère qu'ils nous laisseront venir te voir. Et surtout que personne n'aura le COVID. Sinon, il y aura encore un isolement. Je ne sais pas comment ils font. Ils sont les mieux placés pour savoir qu'en ce moment, il faut respecter, partout, les gestes barrières…

— On verra. D'ici là, on ne sait pas ce qui peut arriver. L'essentiel est que vous tous, vous alliez bien. Moi ma vie elle est faite et je la finirai ici…

La porte de la salle s'ouvre.

« Le temps de la visite est dépassé. Il est l'heure de partir », dit d'une voix impassible une personne en entrouvrant la porte de la salle.

— Une demi-heure, c'est toujours trop court. En sortant, je réserve vite un nouveau créneau de visite. Au revoir maman. Repose-toi bien…

— Tu me fais rire. Ici, je n'ai que ça à faire. Me reposer et rêver. Au revoir ma fille. Merci d'être venue…

Elle sait qu'elle va encore rester là pendant un long moment avant que quelqu'un la monte dans sa chambre. « C'est vrai qu'ils ne sont pas nombreux… pense-t-elle. Et puis toujours ce maudit virus qui pourrit la vie de tout le monde. Comme si être obligée de rester ici, ne suffisait pas. »

Jusque-là, elle avait réussi à se persuader que son admission dans cet établissement était la meilleure solution pour elle et ses enfants. Mais aujourd'hui, elle en a marre. Marre d'avoir mal physiquement. Marre de souffrir moralement.

Pourquoi son infirmière n'a pas voulu l'aider à partir quand elle le lui a demandé, lorsqu'elle était encore chez elle ? Pourquoi son médecin ne veut pas satisfaire son dernier vœu ?

En ce moment précis, elle regrette presque d'avoir quitté sa maison. Oh ! Elle n'aurait pas été en meilleure forme, mais elle était chez elle. Libre de prendre un café avec un gâteau quand elle en a envie. Libre de recevoir sa famille, sa voisine, quand elle le veut. Aussi longtemps qu'elle le veut. En respectant bien sûr les règles imposées par cette « putain » de COVID.

Mais sans lui, sans cette épidémie, comment serait cette institution ? Vraiment comme sur la brochure ? Les filles et les garçons seraient-ils plus attentionnés ? Moins stressés ? Les repas plus conviviaux ? Aurait-elle le droit de voir plus souvent ses enfants, de sortir à l'extérieur du bâtiment, de voir son frère… « Je ne le saurai jamais », se dit-elle d'une faible voix.

Toutes ces questions tournent en boucle dans sa tête. Elle n'arrive pas à trouver de réponse.

Et pourtant, lorsqu'elle était jeune, elle a connu la guerre. Elle a subi l'emprisonnement, la privation, la douleur. Combative et pleine d'énergie, elle a toujours tout surmonté avec beaucoup d'énergie. Là, elle baisse les bras.

Elle s'endort et voudrait ne plus se réveiller.

Chapitre V
Lesparre (gironde)
Printemps 1941

— Et après, maman ? l'interrompt la plus jeune, toujours impatiente de connaître la suite.

… Pour Pâques, Cécile avait cuisiné des lapins marinés au vin rouge. La Nonna était fatiguée, car la venue du bébé n'allait pas tarder. Mais elle avait quand même fait les pâtes à la main avec les œufs frais des poules de la ferme voisine, et la farine que Jacques avait achetée au marché noir. Heureusement qu'on était à la campagne, car avec les restrictions, ce n'était pas facile de trouver quelque chose. Elle avait également fait deux grosses pagnottes, que le boulanger du village avait bien voulu faire cuire dans son four.

Après tout est allé vite et le 30 avril la tata Nicole était née. Encore une fille a soupiré mon père. « Un très beau bébé », lui a répondu Jacques. « Et avec ses yeux là, celle-là, quand elle sera jeune fille, elle n'a pas fini de faire tourner la tête aux garçons », a-t-il même ajouté.

***

En juin, mes parents ont commencé à reparler de notre retour en Lorraine.

« Le départ se fera dès la fermeture de l'école », a dit mon père.

À la surprise de tous, Sabine a lancé : « sans moi. Je ne veux pas partir d'ici ». Mon père s'est mis en colère, affirmant qu'elle était trop jeune pour décider quoique ce soit, que le chef de famille c'était lui, qu'elle n'avait que 18 ans et qu'elle n'avait rien à dire et que… et que… et… Ce à quoi elle a répondu qu'il ne comprenait rien et qu'il n'avait pas le droit de lui dicter ce qu'elle devait faire de sa vie.

Ma mère a finalement calmé le jeu et convaincu mon père d'écouter ce que sa fille avait à dire pour justifier sa décision.

C'est alors qu'elle nous a appris qu'elle était amoureuse du Jeannot. Qu'ils s'étaient revus en secret plusieurs fois. Qu'elle s'était aussi attachée à sa mère, une gentille femme, qu'elle avait d'ailleurs déjà rencontrée. Et, pour finir, que pour rien au monde ils n'accepteraient de se séparer. « Plutôt mourir », a-t-elle crié.

Sur le coup, mes parents sont restés abasourdis. Sans dire un mot, ils se sont levés, ont quitté la cuisine et se sont enfermés dans la chambre.

Ils parlaient tellement fort qu'on entendait tout ce qu'ils disaient.

Entre deux « porca miseria » et « madona », ils se demandaient ce qui leur arrivait. Comment leur fille avait-elle osé leur parler sur ce ton ? Et pourquoi elle voulait, elle aussi, déjà son indépendance ? Ils n'avaient rien voulu montrer pour la Fernande, mais ils avaient quand même eu un peu le cafard de la voir quitter, si jeune, la maison.

Puis ils se sont calmés. Felice et Augusta n'avaient-ils pas, un jour, bravé la colère de leurs parents ? N'ont-ils pas tout abandonné pour vivre leur amour ?

Oui, mais eux, ils n'étaient pas aussi jeunes !
Oui, mais eux, ce n'était pas pareil !
Oui, mais quand on aime c'est toujours pareil non ?
Oui, mais ce n'était pas la même époque,
Oui, mais, oui, mais…

Et s'ils mettaient leur menace à exécution comme dans la pièce de théâtre que j'ai lue, jeune fille.

Rappelle-toi, Caterina. On y avait pensé nous aussi à un moment.

Mais nous, Felice, on a été forts et on a renoncé. Mais eux, ils sont encore jeunes et fous.

Comme nous, ma Caterina. Le temps passe, mais finalement l'histoire ne fait que se répéter.

Après avoir tourné et retourné dans leurs têtes toutes ces questions, mes parents sont revenus dans la cuisine et ont annoncé à la Sabine qu'ils souhaitaient rencontrer la maman de ce Jeannot.

***

Ma mère nous a raconté que c'est une toute petite bonne femme, brune et au visage marqué par le soleil qui les a reçus dans une modeste maison de Lesparre, située au fond d'un beau jardin fleuri, juste à côté de la forge.

Jeannot était son seul enfant. Il était pupille de la nation. Son père était mort à la Grande Guerre juste avant sa naissance. Elle connaissait bien Sabine. Son fils lui avait présenté un jour de marché. Elle l'avait ensuite revue plusieurs fois et elle l'aimait beaucoup. Elle savait que cette petite était faite pour son fils, et elle était prête à l'accueillir dans son foyer comme sa propre fille.

C'est comme ça qu'après avoir longuement discuté avec cette « toute petite bonne femme » ils ont accepté de laisser Sabine à Lesparre à la condition qu'elle réside chez cette gentille dame, en tout bien tout honneur, et qu'elle y trouve un travail pour subvenir à ses besoins et participer aux dépenses. Enfin, qu'elle donne bien sûr régulièrement des nouvelles à sa famille.

« J'y veillerai personnellement », avait conclu la maman de Jeannot.

Heureuse Sabine a accepté cette décision et a embrassé mes parents.

Chapitre VI
EHPAD
18 mai 2021

— Je vous souhaite un joyeux anniversaire et un bon appétit, lui murmure à l'oreille le jeune garçon.

— Ah ! c'est toi Nathan. Merci. Lui dit-elle d'une toute petite voix. Tu vois, j'étais encore ailleurs. Ici qu'est-ce que je peux faire d'autre ?

— Eh ! oui, ce n'est pas facile, surtout avec cette putain de COVID qui n'en finit pas. On ne peut même pas vous sortir ni organiser des activités. C'est sûr que le temps doit vous paraître long. Lui dit-il en l'aidant, avec beaucoup de précautions, à sortir de son lit puis à s'asseoir, devant la petite table où est déposé le plateau.

— Oh ! tu sais, le temps c'est tout ce qu'il me reste. Et si le temps n'attend pas, comme ils disent, alors je dois faire avec et attendre qu'il passe… soupire-t-elle.

— Mais qu'est-ce que c'est que tous ces morceaux de cachets dans votre lit ? s'exclame le jeune garçon en tirant les draps.

— C'est mes médicaments, répond-elle encore essoufflée par l'effort qu'elle a dû faire pour aller jusqu'à cette chaise de transfert. Ils m'ont dit qu'il fallait que je me débrouille. Alors avec ma vue basse et mes mains tordues, je fais ce que je peux. Il n'y a que toi qui me prépares et me donnes mes cachets. Je suis vraiment déçue par cet établissement.

— C'est vrai que normalement on n'a pas le droit. C'est le médecin ou l'infirmière qui doit le faire. Mais il y a un moment où on ne peut pas rester sans rien faire. Je vais en parler à la direction. Lui avoue le jeune homme tout en sachant que son intervention restera sans effet. La règle c'est la règle.

— Je suis contente. Ce matin, tous mes enfants m'ont téléphoné pour me souhaiter mon anniversaire. Ça m'a fait plaisir, mais je ne sais pas si je les reverrai. Je suis très fatiguée, tu sais.

— Ça va aller. Ils parlent de repousser le couvre-feu à 21 h et de supprimer les attestations de sortie. Alors les visites vont peut-être pouvoir reprendre. Lui dit le jeune garçon.

— Oui, sauf si un nouveau cas se déclare encore ici soupire-t-elle… Est-ce que tu as pu récupérer à la mairie, le papier important pour ton logement ?

— Oui. En fait, lorsque j'y suis allé vendredi, elle était fermée. Je ne sais pas pourquoi. Il paraît qu'ils avaient prévenu. J'ai alors téléphoné à l'agence qui m'a dit qu'exceptionnellement ils attendraient jusqu'à lundi, mais pas plus tard. Je crois plutôt qu'ils nous mettent la pression pour qu'on signe tout de suite… Bref ! Du coup, j'y suis allé à la première heure lundi matin, et la secrétaire m'a tout de suite établi mon certificat de vie commune. Elle nous connaît bien, Romane et moi. C'est déjà elle qui nous a aidés à monter notre dossier quand on a décidé de se pacser.

— Elle s'appelle donc Romane, ta copine ? C'est le prénom de mon arrière-petite-fille. Elle doit être gentille, tu le mérites bien.

— Vous avez combien d'arrière-petits-enfants ?

— Attends voir. Les plus grands, Alessia et Rémi, puis Romane et Baptiste, Dario et Tara et la petite dernière, que je ne verrai pas grandir, Olivia. Ça fait sept.

— Ne dites pas de bêtises. Ho ! C'est bien beau tout ça, mais j'ai encore pas mal de boulot. Dit-il après l'avoir aidé à finir une dernière cuillérée de sa compote.

— Merci, Nathan, je n'ai jamais trop faim. Je ne bouge pas beaucoup, tu sais.

Avant de partir, il allume le téléviseur, la déplace près de la fenêtre, s'assure que la ceinture est bien serrée, pas trop, mais suffisamment pour la coller à cette maudite chaise, vérifie que son lit est fait et que son oreiller est bien retapé.

— À tout à l'heure, lui dit-il, je repasserai dès que j'aurai fini avec les autres résidents.

— À tout à l'heure Nathan. Tes visites me font toujours beaucoup de bien.

Machinalement, son regard se tourne vers la petite fenêtre. Elle ne distingue qu'un vague écran gris. Il est bien triste ce printemps. Et ce virus qui pourrit la vie de tout le monde. Couvre-feu, restrictions de circulation, magasins qui se vident, c'est comme pendant la guerre. Sauf que pendant la guerre on connaissait notre ennemi. Là, il est sournois, on ne le voit pas.

***

Elle ferme les yeux, et se rappelle l'odeur du bouillon de passatini que sa mère avait préparé la veille de leur départ de Lesparre, avec les quatre œufs que leur avait donnés le voisin Léon et, à la place du parmesan, un fromage espagnol que des amis de Pierre avaient ramenés d'un de leur voyage « d'affaires », comme ils disaient.

Partie III
Maminou

L'oubli
(depuis très longtemps)

À mon père

Depuis très, très longtemps il ne parle plus,
Ou très peu. Eux, ils ne le voient presque plus,
Ou seulement affalé dans son fauteuil,
Perdu dans ses souvenirs et déjà très seul.

Depuis très longtemps ils ont oublié
Que lui aussi avait eu un passé,
Pendant de longues et pauvres années.
Qu'il les a aimés sans trop leur montrer.

Depuis très longtemps il est parti,
Encore tout seul et sans préavis.
Il était presque tombé dans l'oubli
Et ils n'ont pas pu lui dire merci.

jlm
Juin 2021

Chapitre I
Été 1941
Retour à Hussigny

— Et après, Maminou ? lui demande Alessia.

Ce jour-là, ses parents, Nathalie et Dovi, étaient allés assister à un match de football important à Pétange. Comme il faisait froid, en ce mois de novembre 2010, la petite avait préféré rester chez sa grand-mère Marie-Antoinette, avec sa « maminou ».

C'est comme ça que ses arrière-petits-enfants l'appelaient.

***

… Eh bien, le lendemain, Cécile nous a conduits à la gare Saint-Jean pour prendre le train.

Il faisait chaud. Le soleil était déjà haut dans le ciel. Il était temps de dire au revoir et surtout merci à tous ceux qui nous avaient accueillis dans cette belle région de Gironde.

Il y avait beaucoup de monde sur le quai. Et beaucoup d'Allemands avec des armes et des visages menaçants. On a vite embrassé notre sœur Sabine pour ne pas montrer notre peine et on est monté dans le wagon, pressé de trouver une place assise. Mais le train était bondé et on est resté debout pendant presque tout le voyage. C'était long. Mais on s'en moquait, car on rentrait chez nous.

Notre cité n'était pas loin de la gare. On est donc arrivé rapidement devant la maison. Qu'allait-on découvrir ? Est-ce que les Allemands avaient tout fouillé, tout saccagé ? On avait entendu tellement de choses qu'on avait peur rien que d'y penser.

Mon père n'osait pas ouvrir. Alors, d'un geste énergique, ma mère a ouvert la porte. Surprise ! Rien n'avait bougé. Tout était à la même place. Même l'assiette sale que le pépère avait laissée dans l'évier. Il faut dire que nos pauvres petites cités n'avaient pas beaucoup d'intérêt. Ce n'était pas là où il y avait le plus de confort et de nourriture. Soudain, on a entendu un cri. La Nonna venait de découvrir le cadavre du petit canari, allongé et complètement sec, sur le sol de sa cage. Mon père avait pensé à ses lapins, mais il avait complètement oublié son canari. Le bel oiseau jaune qu'il soignait avec beaucoup d'attention, car il aimait entendre son chant. « Dio, qu'est-ce j'ai fait », n'arrêtait-il pas de répéter. Toute sa vie, il nous en a parlé de son canari. Il ne s'est jamais pardonné de ne pas lui avoir ouvert la porte de sa cage, ce jour de mai 1940.

***

Les jours ont passé. Il n'y avait pas beaucoup de monde dans les rues. Sauf devant la coopérative où les femmes faisaient la queue avec leurs tickets de rationnement. On n'avait pas grand-chose et souvent il fallait aller glaner dans les champs pour trouver ce qui pouvait encore donner un peu de goût au bouillon. Les Allemands réquisitionnaient les patates et nous laissaient les rutabagas et les topinambours. « Assez bons pour vous ! » disaient-ils. Ah ça, on en a mangé des rutabagas.

Beaucoup de jeunes garçons étaient partis pour ne pas être enrôlés pour le STO. Le service du travail obligatoire. Ton arrière-grand-père, on ne se fréquentait pas encore, était allé se cacher avec d'autres hommes de son âge, dans les Hautes Alpes, vers Embrun, Gap. Enfin, par là-bas. Pour vivre, il s'était fait embaucher pour tirer des lignes électriques dans la montagne. Il ne parlait pas beaucoup de cette période. C'est vrai qu'à vingt ans ça marque.

***

Pour survivre, on se débrouillait. On n'était que des Ados, comme vous dites maintenant, mais déjà, tellement adultes. Avec la guerre, on mûrit vite. Comme à la maison on manquait de beaucoup de choses, il fallait se débrouiller. On allait donc régulièrement au Luxembourg, en passant par le bois de Differdange, pour chercher du pain et autres produits qu'on ne trouvait plus chez nous. On savait que c'était interdit. Mais la faim justifie les moyens comme on dit.

Nous étions jeunes, agiles et débrouillardes. Mais un jour de juin 1942, ma copine Alice et moi nous nous sommes fait prendre au retour par une patrouille de soldats allemands. On les avait aperçus au loin, au-dessus de la ferme de Chez Franck, mais sur le coup on n'a pas pensé qu'eux aussi nous avaient vus. Ils nous ont suivis discrètement et ils ont attendu qu'on soit à la frontière, juste au-dessus du crassier pour nous crier dessus. Je les entends encore. Ils étaient quatre ou six, je ne me souviens plus. On a essayé de leur expliquer qu'on était encore des enfants, qu'on avait à peine 15 ans. Mais ils ne nous comprenaient pas et ne voulaient rien savoir. Ils continuaient à nous crier dessus, surtout un grand costaud qui se prenait pour le chef. Derrière lui, un tout jeune soldat nous regardait avec des larmes aux yeux. Je repense souvent à lui et je me dis que ce jour-là, finalement, lui aussi subissait cette ignoble et stupide guerre. Si tant est qu'une guerre puisse être belle et intelligente.

Alors on a demandé, en faisant des signes, à faire pipi. Il fallait vite se débarrasser de ce qu'on avait caché sur nous. Car tu t'en doutes, on n'avait pas que du pain. Et, du jour au lendemain, on s'est retrouvées en prison à Magdebourg en Allemagne. On avait juste eu le temps de jeter un dernier regard vers la cité. Quelqu'un, qui avait vu de loin ce qui se passait, a couru prévenir nos parents.

On est restées enfermées là-bas un an. Un an dans une petite cellule à l'eau et au pain sec. Et, crois-moi, ce n'était pas juste une expression. Nos repas étaient essentiellement constitués d'une espèce de soupe sans goût, sans légumes ni pâtes, une demi-pomme de terre, et un morceau de pain noir, sec.

Avec nous, il y avait également une femme, un peu plus âgée que nous, une Russe. Elle disait qu'elle était une prisonnière politique. Elle ne nous aimait pas parce qu'on était Françaises. Elle n'arrêtait pas de nous répéter qu'on était des traîtres et qu'on resterait ici jusqu'à ce qu'on ait des cheveux gris comme le sel. Un jour, elle est même allée raconter aux gardiens qu'Alice l'avait frappée. Ce qui n'était pas vrai bien sûr. Alice l'avait juste un peu bousculé parce qu'elle en avait marre de l'entendre sans arrêt nous insulter.

La journée, on travaillait à la confection de petites pièces pour les usines allemandes. Mais le soir, on se retrouvait avec cette méchante femme.

Un an après, j'ai fêté mon 16e anniversaire dans cette prison. À cet âge-là, c'est dur pour une jeune fille de vivre dans de telles conditions. Deux mois après, j'ai été libérée. Alice a dû attendre encore quelque temps à cause de l'histoire avec la Russe.

On m'a donné un billet de train et des tickets de rationnement. Ils m'ont ouvert la porte de la prison et « allez oust ! Débrouille-toi ». Je me suis alors retrouvée toute seule sur le trottoir, dans une ville que je ne connaissais pas, au milieu de gens que je ne comprenais pas. À part les gros mots et quelques expressions que j'avais entendues ici ou là, je ne parlais pas allemand. Je devais rentrer chez moi, traverser la moitié de l'Allemagne. On me regardait de travers. Je n'étais pas de chez eux, forcément. Tout en marchant, j'ai montré mon billet de train à une passante. En me voyant, maigre et mal habillée, elle a tout de suite compris que je n'étais pas allemande, que je sortais de prison et voulais aller à la gare. Elle m'a regardé avec beaucoup de compassion, m'a donné une pomme puis m'a dit « Ah ! bahnhof ? Ya ! », en me montrant du doigt la direction à prendre. Ensuite, je n'avais plus qu'à suivre les pancartes qui indiquaient « Bahnhof ».

D'elle non plus, je n'ai pas oublié le visage. Elle non plus ne comprenait pas cette guerre.

Arrivée à la gare de Magdebourg, j'étais à nouveau complètement perdue. Je n'avais jamais pris le train toute seule. En m'apercevant sur le quai, un militaire allemand, un officier s'est approché de moi et m'a demandé où j'allais dans un français presque parfait. Je lui ai montré mon billet et il m'a dit de le suivre, qu'il allait justement dans cette direction. Je l'ai suivi tout en restant sur mes gardes, d'abord parce que c'était un Allemand, mais aussi parce que c'était un homme. On ne sait jamais ce qui peut leur passer dans la tête. Pendant le voyage, il m'a dit qu'il avait des enfants dont une fille d'à peu près mon âge, qu'il détestait cette guerre, mais qu'il n'avait pas le choix. On est arrivés à Coblence en fin d'après-midi. C'est là qu'il m'a quitté. Il m'a indiqué le quai pour le train qui allait vers le Luxembourg et m'a souhaité bonne chance pour la suite de mon voyage. Je me suis dit alors que chez les Allemands il y avait quand même de braves gens. Je me suis assise sur un banc en attendant la correspondance pour Differdange. Le train partait tard dans la nuit à cause des bombardements. Heureusement, on était fin-juillet, il ne faisait pas trop froid.

Le voyage m'a semblé long jusqu'à l'arrivée au matin en gare de Differdange. À cause des nombreux et longs arrêts bien sûr, mais aussi parce que j'étais impatiente de retrouver ma mère, mon père, mes frères, mes sœurs, mes amies, mon quartier, si triste soit-il en cette période. J'étais fatiguée de n'avoir pas dormi, mais heureuse d'être enfin arrivée à un endroit que je connaissais. Avant d'être arrêtées, nous avions fait plusieurs incursions clandestines dans cette ville et du coup elle ne m'était pas inconnue. Je savais par où je devais aller pour rentrer chez moi. J'ai respiré un grand coup, savouré cet air qui forcément, en cette période, n'était le même qu'en Allemagne et je me suis dirigée d'un pas décidé vers la sortie de la gare. Je me suis dit que la route directe serait très certainement encombrée et pleine de barrages. Alors j'ai pris la route qui longeait la voie ferrée, en direction d'Obercon. De là, je pouvais très facilement rejoindre la ferme de Chez Franck, on dit Bache Jang aujourd'hui, en faisant cette fois-ci très attention aux patrouilles. De toute façon, j'avais un papier écrit en allemand qui disait que j'étais en règle.

En m'apercevant dans la côte de la gare d'Hussigny, quelqu'un a couru jusqu'à la cité pour prévenir que j'étais de retour. Il était presque midi. « Eva est revenue, Eva est revenue... », criait-il. Ma mère n'en croyait pas ses oreilles. Elle est sortie et m'a serré dans ses bras en pleurant. Elle était heureuse de me revoir. Mais en même temps, elle m'apprenait que ce même jour on venait d'enterrer ma jeune sœur Antoinette. On n'a jamais su quelle maladie l'avait emportée. À cette époque, on ne voyait pas toujours le médecin. Elle avait à peine 14 ans.

Ensuite, la vie a repris son cours, avec ses restrictions, le couvre-feu, les files d'attente devant la coopérative, le travail reprit de force à la mine et à l'usine.

Vers la fin de la guerre on voyait souvent une file d'hommes maigres et le regard dans le vide, appuyés contre le mur près de la mairie, puis marcher vers la route de Thil, avec des Allemands armés devant et derrière. On ne savait pas d'où ils venaient, ni où ils allaient. La rumeur disait que là-bas, dans la campagne, un camp avait été ouvert pour les rassembler avant de les envoyer en Allemagne. À la libération, on a appris qu'en fait une usine avait été installée à proximité. On a su aussi que tous ces pauvres bougres, beaucoup de juifs qui venaient entre autres du camp d'Auschwitz, mais aussi des Italiens, des Africains, des Maghrébins et même des Français, y étaient des travailleurs forcés pour fabriquer les fameux missiles V1. Mal nourris et très fatigués, beaucoup en mourraient et leurs corps étaient brûlés dans le four crématoire. Celui-là même qu'on peut voir encore aujourd'hui.

Et puis il y a eu le débarquement des Américains, des Anglais et même des Français, en Normandie. Alors on a commencé à voir les Allemands s'affoler.

Ici, on les a vus arriver en septembre 1944. C'était la folie. On était enfin libérés.

On a appris en même temps que San Marino avait été bombardé en juin par les alliés, par erreur bien sûr. J'ai vu alors des larmes couler sur les joues de ma mère. Elle n'avait plus de nouvelles de sa famille depuis longtemps, mais tous les jours elle avait une pensée pour sa mère et son frère dans l'espoir de les revoir un jour.

Il a fallu encore attendre quelques années avant que la vie ne redevienne normale. On a eu les tickets de rationnement pendant longtemps. On avait toujours du mal à trouver du sucre et du café.

***

À Noël, on a reçu une lettre de ma sœur Sabine. Depuis notre départ, on n'avait plus eu beaucoup de nouvelles. Dans son courrier, elle nous disait que là-bas tout le monde était content que la guerre soit finie. Que les jumeaux étaient enfin revenus après un long périple, car ils avaient été enrôlés dans un régiment de Français qui avait débarqué en Normandie le 6 juin 1944. Mais elle nous apprenait aussi la mort de Pierre, en août. Après une opération de sabotage, il avait été dénoncé puis emprisonné au Fort du Hâ. Torturé pendant des jours, il avait été ensuite emmené au camp de Souge où il avait été fusillé avec plusieurs autres hommes.

***

— C'est bien triste.

— Oui, ma chérie. La guerre est la chose la plus mauvaise qui soit. Elle vient toujours de gens qui en veulent toujours plus, et, quel que soit le camp où l'on se trouve, ce sont toujours les plus humbles qui en payent les conséquences. On a beau dire, plus jamais ça, il y en aura toujours un qui oublie ou qui s'en fout. C'est comme ça depuis toujours. Des hommes, qui se croient toujours plus intelligents et plus forts que les autres, continueront malheureusement à vouloir toujours plus. Pour un lopin de terre, pour un soi-disant héritage culturel ou religieux, plus simplement par intérêt personnel, ils trouveront toujours un prétexte, une excuse pour déclencher une bagarre, une manifestation, une guerre. Et après, à chaque fois, ils diront « il nous faut tirer les conséquences de ce conflit ». Puis ils oublieront vite et recommenceront. C'est pour cela qu'il faut toujours rester vigilant et ne pas croire que seules la violence et les armes peuvent arranger les choses.

Mon Dieu, dans quel monde égoïste vivons-nous ? Mais toi, tu es encore jeune. Allez ! Oublie tout ça, ce ne sont que des pensées d'arrière-grand-mère. Tu as toute une vie devant toi, une vie pleine d'espérance pour un monde meilleur. Pour l'instant, profite du temps présent, profite de tes parents, de tes grands-parents et de tes amis.

— Et après la guerre, Maminou, comment c'était ?

***

— Eh bien, la vie a repris tout doucement son cours. Pour aider nos parents, Marie et moi avions trouvé du travail chez des riches, comme femme de ménage. Crois-moi, chez ces gens-là, ce n'était pas la joie tous les jours. Les patrons ne voyaient en nous que des pauvres, juste capables d'aller vider leur pot de chambre, un vase de nuit comme ils disaient. Ils ne manquaient pas non plus de nous rabaisser lorsqu'ils trouvaient par hasard un peu de poussière sur la rampe d'escalier ou s'il y avait un mauvais pli sur les draps. À l'époque, on n'avait pas encore de fer à repasser à vapeur. Et on ne pouvait rien dire sinon on était renvoyée. Aujourd'hui, les temps ont heureusement bien changé. Quoique. Je suis sûr qu'il y a encore des personnes qui, parce qu'elles ont de l'argent, se croient supérieures et profitent des plus modestes. Des qui pètent plus haut que leur cul comme on dit.

Ensuite est venue la période des mariages. Et, pour chacun d'eux, une nouvelle histoire qui commence.

Ma sœur Marie a fréquenté et a marié Elio, un des fils de César. Il habitait la première maison de la cité, c'est-à-dire trois portes avant nous. Pour rigoler, on avait pris l'habitude de dire que chaque matin le coq du père César criait : « Cocorico-co, je serai riche un jour… ».

Qu'au milieu de la cité le canard du voisin lui demandait « quand, quand… » et que la chèvre du bas de la rue lui répondait « jamais, jamais… »

Tu vois, on s'amusait de pas grand-chose.

Il y a eu aussi le mariage de ma sœur Valentine. Comme il n'était pas question qu'un garçon vienne la voir chez nos parents, elle venait régulièrement chez moi pour garder mes enfants. Et, bizarrement, dès qu'elle était là, on entendait au loin une grosse moto. Et sur l'engin, c'était le Nello, le beau séducteur italien, son chéri, qui arrivait en chantant. J'étais bien entendu complice de ces rendez-vous.

Puis ce fut le tour de Thérèse. Elle, elle avait rencontré Robert, son amoureux, au bal.

Mon frère Antoine, qu'on appelait le coco, c'est lorsque notre mère, la Nonna, est morte qu'il a eu le coup de foudre pour Jacqueline. Effondré par la douleur, il était allé ouvrir la porte à la fille du fleuriste. Elle apportait une gerbe. Là, il a su qu'il devait la revoir. Et hop, quelques mois après ils se mariaient.

Pour ma jeune sœur Nicole, il a fallu attendre encore plusieurs années pour qu'elle rencontre Francis, un gentil chauffeur de taxi.

— Et ton autre frère Henri, il ne s'est jamais marié ?

— Non. À l'âge de 20 ans, il a été appelé avec tous ceux de son âge pour aller faire la guerre en Algérie. Le pauvre, il ne s'en est jamais remis. Lorsqu'il est revenu, pour l'enterrement de la Nonna, il n'était plus pareil. La mort de sa mère, ajouté à tout ce qu'il avait vu là-bas l'avait complètement changé. Alors il est parti. Pendant longtemps, on n'avait plus trop de nouvelles. Un jour, on a appris qu'il était dans le sud de la France. Puis qu'il s'était installé à Paris où il avait trouvé un travail de gardien d'immeuble. Depuis les années 1980, il est revenu ici pour retrouver sa famille et profiter de sa petite retraite.

— Et toi, Maminou ?

Eh bien, moi, il a fallu que je choisisse. Le fondeur ou le coiffeur. Pas loin de la cité, il y avait un coiffeur. Chaque fois que je passais devant son salon de coiffure, il me faisait de grands sourires. Un jour, il est même sorti pour me demander si je voulais bien sortir avec lui. Sur le coup, j'ai été surprise et je lui ai dit que j'allais réfléchir. Il n'était pas vilain comme garçon, mais moi j'avais déjà des vues sur Raymond. Un garçon qui travaillait à l'usine et habitait pas loin de chez moi.

Il avait perdu sa mère lorsqu'il avait 8 huit ans et il vivait dans une famille recomposée comme on dit maintenant.

Je l'avais déjà repéré lorsqu'il était arrivé dans la cité, juste avant la guerre. Mais j'étais encore trop jeune pour penser à autre chose. Lorsque je l'ai revu, à son retour de la montagne où il était parti pour échapper au service du travail obligatoire, je me suis rendu compte qu'il me plaisait. Pendant ce temps, le coiffeur me courait toujours derrière. Il a fallu que je lui dise clairement qu'il était mignon, mais qu'il ne m'intéressait pas.

Il était beau, mon Raymond, avec ses cheveux gominés et plaqués en arrière. Il ressemblait à un acteur de cinéma. C'était la mode à cette époque. À force de nous voir ensemble, mes parents ont déclaré :

« Un jour, il faudra qu'on les marie ces deux-là ».

C'est comme ça qu'au mois de mai 1947 on s'est retrouvés mariés.

— Tu vois, ma chérie, il y aurait encore plein d'histoires à raconter…

Chapitre II
EHPAD
Samedi 29 mai 2021

« C'est une bonne journée, vous allez avoir la visite de votre fille du Luxembourg et de votre petit fils de Belgique », lui dit Isabelle en ouvrant les rideaux de la chambre. « Allez. Vous devez prendre des forces. Je ne pars pas tant que je ne vous ai pas vue prendre le petit déjeuner. »

Nathan et Isabelle sont les seuls qu'elle apprécie dans cet établissement. Comme les autres ils sont fatigués, comme les autres ils ont beaucoup de travail. Mais ils savent prendre le temps pour avoir quelques attentions vis-à-vis des résidents. Quelques secondes, quelques mots drôles et réconfortants. C'est tout. Et ça fait tellement de bien. Dieu sait si ces moments sont importants. « Ma fille a raison, c'est donc bien avant tout une question de personne », pense-t-elle tout bas.

« Oui, merci Isa. Je vais me forcer un peu. »

***

Elle est contente bien sûr, mais elle sait qu'elle ne pourra pas pleinement apprécier leur présence. C'est trop tard. Ces derniers mois, elle a déjà décidé.

En début d'après-midi, c'est Isabelle qui vient la chercher. Elle l'aide à s'asseoir dans la maudite chaise de transfert, et tout en l'emmenant dans la salle des visites, lui raconte les dernières bêtises que ses petits-enfants ont fait la veille. Demain, son mari l'emmènera au restaurant pour la fête des Mères. Toute la famille sera réunie.

— Bonjour, mamie.
— Bonjour, maman.

Encore masqués, ils ne peuvent toujours pas l'embrasser.

— Bonjour, les enfants, murmure-t-elle très essoufflée et d'une toute petite voix.

Marc et Marie-Antoinette lui parlent doucement, mais elle ne les entend déjà plus. Elle est heureuse de sentir leur présence, mais elle n'arrive pas à lever la tête.

Recroquevillée au fond de cette maudite chaise de transfert, les yeux mi-clos et la tête penchée en avant, elle n'a plus de force. Ses petites mains blanches croisées sur les genoux, elle est essoufflée. Malgré l'oxygène, elle a du mal à respirer.

Son petit-fils lui raconte sa vie avec Sarah et son quotidien à Gand et à Anvers. Par moment, elle opine de la tête, mais il sait qu'elle ne l'entend plus.

Après un long silence, elle leur fait un petit signe de la main.

— Je suis très fatiguée. Je veux retourner dans ma chambre… Je vous dis adieu…

Émue, Isabelle fait un signe aux deux visiteurs, desserre les freins de la chaise « de transfert » et emmène la dame vers l'ascenseur.

Les larmes aux yeux, le jeune homme et sa tante la regardent partir, impuissants. En colère, de ne pas pouvoir l'embrasser.

***

Demain, c'est la fête des Mères. C'est la première fois qu'elle sera seule, isolée dans une chambre, même pas d'hôpital. Alors elle va dormir. Elle n'entendra même pas le téléphone sonner.

Chapitre III
EHPAD
1er juin 2021

— Bonjour, Mamie, dit le jeune homme en entrant dans la chambre. Tenez, j'ai trouvé ce cadeau pour vous. D'après ce que j'ai compris, vos filles sont venues dimanche, le jour de la fête des Mères pour vous l'apporter, mais comme elles n'avaient pas de rendez-vous ils ne les ont pas laissées entrer. C'est un peu dégueulasse, pardon, ce n'est pas bien. Et ils auraient pu au moins vous le donner tout de suite dimanche. Là, il était à l'accueil et personne ne savait pour qui c'était. Je vous ouvre le paquet. Regardez, c'est un beau pyjama.

Elle ouvre les yeux et remercie du regard ce garçon plein de vie et d'amour.

Après lui avoir redressé son oreiller, Nathan lui donne quelques cuillères de potage et un peu de compote.

— On est quel jour ? demande-t-elle.

— On est le 1er juin 2021. C'est la saint Justin, le prénom de mon grand-père.

Les images se bousculent dans sa tête.

***

1er juin 1957 son père est mort. Elle le revoit arriver chez elle à la maison de la rue Pasteur. Dans le couloir, il pose sa canne, enlève son chapeau et sa veste en drap de laine noire, puis s'assoit dans un coin de la cuisine sur la chaise en bois. Il vient se faire raser la barbe. Elle lui met une serviette autour de son cou et lui demande de tenir l'assiette sous son menton. Doucement, elle fait mousser la crème à l'aide du blaireau et lui barbouille le bas du visage. Puis pose délicatement la lame du coupe-choux sur sa joue. À la fin, Felice la remercie, boit un petit verre de vin, remet son chapeau et sa veste de laine noire. Elle le regarde s'éloigner doucement sur la route vers Godbrange, sa canne à la main.

11 juin 1959. Mort de sa maman, Caterina, la Nonna. Ce jour-là, avant de refermer le cercueil, on a déposé sur son corps une petite robe noire, bordée d'un col en dentelle blanche et fermée sur la poitrine par 12 petits boutons recouverts de velours.

Fête de l'été 1954. Après ce long et rude hiver, ils s'étaient retrouvés chez Elio et Marie, au fin fond de la côte rouge, sur la frontière luxembourgeoise, près de chez Schneider. Les bouteilles de vin étaient au frais dans le petit ruisseau qui coulait derrière la maison et les enfants jouaient avec les canards de la petite mare.

L'ambiance était joyeuse, festive et presque insouciante.

Quel mazzolin di fiori, che vien dalla montagna
Quel mazzolin di fiori, he vien dalla montagna

Elle revoit aussi la dernière fois qu'ils s'étaient tous retrouvés. En 1987, pour marquer ses 40 ans de mariage. À la boule rouge. Ses sœurs et son frère avaient rejoint la fête. Comme dans le bon vieux temps, ils avaient repris quelques chants, mais ce n'était plus pareil.

Quel mazzolin di fiori...

Ce jour-là, son Raymond était heureux. Il avait même entonné une chanson et bu exceptionnellement un verre de vin. Il n'en buvait plus depuis longtemps. Il était heureux de voir ses enfants réunis et faire la fête. Ce bonheur, il ne le revivra jamais. Il va ensuite se tenir à l'écart, s'enfermer dans son monde, ne parlera presque plus ou très peu, juste l'essentiel. Endormi dans son fauteuil, il tombera doucement presque dans l'oubli.

Chapitre IV
Hussigny
Mercredi 2 juin 2021

Une jeune femme court dans la rue. La voyant ainsi pressée, un voisin lui lance :

— C'est la fête au paradis ?

— Pourquoi tu me dis ça ?

— Parce que les seins dansent…

Ils éclatent de rire et la jeune femme rentre chez elle en riant encore de cette histoire.

Elle raconte alors la blague à ses enfants qui l'attendent sagement assis autour de la table de la petite cuisine, de la rue Pasteur. Ils éclatent de rire à leur tour. Même le gamin qui, visiblement, n'a pas tout compris.

Elle les regarde longuement et tendrement un à un, puis son visage s'assombrit, ses yeux pleurent. Elle voit son mari serrer dans sa main une petite enveloppe qui ne l'a jamais quitté. À l'intérieur de celle-ci se trouve une mèche de cheveux. Celle de Serge, l'enfant qu'ils ont perdu alors qu'il n'avait que 11 mois. L'enfant qu'elle n'a pas pu élever comme les cinq autres. L'enfant qu'elle va rejoindre maintenant.

***

14 h

— On a rendez-vous pour voir notre maman.
— Un instant, on va la chercher.

14 h 30

— On est désolé, votre mère est décédée.

***

— *Elle est belle ton histoire, maman. Un jour, il faudra l'écrire.*

— *Tu as raison, car qui la racontera quand je ne serai plus là ?*

— *Ben, tous ceux qui t'ont entendue la raconter, mamie.*

— *Et puis, elle n'est pas finie, Maminou. Tu l'as dit, après chaque mariage, il y a une autre histoire, non ?*

— *Oui, ma chérie, et plus tard, ce sera la tienne que tu raconteras.*

***

… Une jeune fille court sur une petite route caillouteuse qui serpente. Elle semble pressée. L'angélus a sonné et elle sera en retard. Son père la grondera. Mais peu importe, à son âge on s'en fout. Elle aura bientôt dix-neuf ans, on est en juin 1915. Le soleil brille encore et les jours n'ont pas de fin. La vigne est déjà bien fleurie, la vendange sera bonne…

***

Quel mazzolin di fiori, che vien dalla montagna
Quel mazzolin di fiori, he vien dalla montagna

***

Nous étions jeunes, agiles et débrouillardes. Mais un jour de juin 1942, ma copine Alice et moi nous nous sommes fait prendre au retour par une patrouille de soldats allemands.

***

C'est peut-être mieux comme ça. Au moins ici, je n'embêterai personne. Mes enfants ont maintenant leur vie et leur propre famille. Je ne veux plus être un poids pour eux, se répète-t-elle en silence comme pour s'en persuader.

***

Quel mazzolin di fiori, che vien dalla montagna
Quel mazzolin di fiori, che vien dalla montagna

Le départ

Elle est morte et nous l'avons tuée,
Six mois après l'avoir abandonnée.
Le médecin nous l'a demandé,
Et c'est à nous de décider.
« On peut mettre fin à sa souffrance »
A-t-il dit avec très peu d'aisance.
Tous petits mots mais grande violence,
Grosse colère, profond silence.

Puis vient l'attente, la délivrance,
Les images de notre enfance,
Pour donner un sens à l'existence,
Se préparer à cette absence.

C'est vrai, elle l'a toujours demandé,
Peut-être pour mieux nous y préparer.
Au final c'est elle qui l'a décidé,
Une fois encore pour nous épargner,
Comme toujours depuis notre naissance,
Avec plein d'amour et beaucoup de patience.
Alors partout nous chercherons sa présence
Peut-être pour mieux compenser son absence.

Nous ne l'avons pas abandonnée,
Nous ne l'avons pas non plus tuée.
Nous sommes profondément blessés,
Et jusqu'au bout nous l'avons aimée.

jlm
2 juin 2021

Imprimé en Allemagne
Achevé d'imprimer en décembre 2023
Dépôt légal : décembre 2023

Pour

Le Lys Bleu Éditions
40, rue du Louvre
75001 Paris